dtv

dtv
_____
portrait

Herausgegeben von Martin Sulzer-Reichel

Xenia,
danke für eine wunderbare Freundschaft

Corinne Ullrich, geboren 1964, wurde die Musik der Beatles
quasi in die Wiege gelegt – eine frühkindliche Prägung, die
in diesem Buch ihren Ausdruck findet. Sie lebt in München
und arbeitet als freie Journalistin – vorwiegend zu den Themen
Musik, Film, Wirtschaft und Reise. Für ›dtv portrait‹ schrieb sie
u. a. den Jimi Hendrix-Band.

John Lennon

von Corinne Ullrich

Deutscher Taschenbuch Verlag

Weitere in der Reihe **dtv portrait** erschienene Titel
am Ende des Bandes

Originalausgabe
August 2000
www.dtv.de
© Deutscher Taschenbuch Verlag GmbH & Co. KG, München
Umschlagkonzept: Balk & Brumshagen
Umschlagbild: John Lennon
Fotografie (© AKG, Berlin)
Layout und Satz: Agents – Producers – Editors, Overath
Druck und Bindung: APPL, Wemding
Gedruckt auf säurefreiem, chlorfrei gebleichtem Papier
Printed in Germany   ISBN 3–423–31036–7

Inhalt

1   John Lennon im Jahr 1968

Kindheit und Jugend

Oktober 1940, seit einem Jahr befand sich Europa im Krieg. Nacht für Nacht überflogen deutsche Bomber den Kanal, erreichten den industriellen Norden Englands und legten Städte und Anlagen in Schutt und Asche. In einer solchen Bombennacht wurde, nach langwierigen und qualvollen Wehen, in den frühen Morgenstunden des 9. Oktober 1940 John Winston Lennon geboren. Den Zweitnamen Winston fügte die junge Mutter in einem Anfall von Patriotismus hinzu – zu Ehren des englischen Premiers Winston Churchill.

Die 26jährige Mutter Julia Lennon, geborene Stanley, war eine lebendige und lebensfrohe Frau. Am 3. Dezember 1938 hatte sie den Seemann Alfred Lennon geheiratet, einen unsteten Herumtreiber, den sie in den folgenden drei kurzen Jahren ihrer Ehe kaum zu Gesicht bekam: Er war auf See, in Westindien oder Amerika – oder im Gefängnis. Und nach zwei Jahren blieb die Heuer aus … Auch die umtriebige Julia war nicht für Häuslichkeit und Ehe geboren, sie ging gerne aus und amüsierte sich, sang und spielte Banjo. Sie hatte eine Affäre, wurde abermals schwanger, gab das Mädchen

2 John Lennon im Grundschulalter

3   Tante Mary Elizabeth (»Mimi«) mit John

aber zur Adoption frei. Auch mit ihrem kleinen Sohn John konnte sie wenig anfangen.

Erst als Julia den Oberkellner John Dykins kennenlernte, kam ihr unstetes Leben in ruhigere Bahnen. Julia ging eine permanente Beziehung ein, aus der zwei Töchter, Julia und Jacqueline, hervorgingen. Nur einer blieb aus dem trauten neuen Familienleben ausgeschlossen: Der kleine John. Schon früher hatte Julia den Jungen immer wieder über kürzere und längere Zeit bei Mimi, einer ihrer vier Schwestern, abgegeben, jetzt blieb der Junge permanent dort.

Tante Mary Elizabeth, genannt Mimi, verheiratet mit dem gutmütigen George Smith, war eine strenge, kühle Frau, die mit Argusaugen über das Wohlergehen ihres kleinen Zöglings wachte. Sie wollte durchaus, dass John glücklich war, hatte allerdings ihre eigenen Vorstellungen von Glück – Standesdünkel, Klassenbewusstsein und Streben nach »etwas Besserem« gehörten dazu – ihr Neffe war ihr zu gut für die profane Welt. »Gefühlsduseleien« oder emotionale Herzlichkeiten erlaubte sie sich und auch dem Jungen nicht. Dass er ein kreativer, wacher, unkonventioneller und sehr emotionaler Mensch war, war ihr nie bewusst. So erzählte sie ihm nichts über seine leibliche Familie und beantwortete seine Fragen nur ausweichend. Davon, dass seine Mutter nur wenige Kilometer entfernt wohnte, wusste der kleine John jahrelang nichts. Einzig ihr Mann George fing mit seiner liebevollen warmen Art ihre Härte auf und verwöhnte den kleinen John. Der spürte nur eine

Es klopfte an der Tür, und draußen stand Alfred Lennon. Ich sah ihn an und sagte: ›Was gibt es?‹ Er antwortete: ›Ich will John.‹ Ich bekam weiche Knie. Er packte kurzerhand Johns Kleider zusammen und ging mit ihm hinaus. Ich war verzweifelt. Ich verständigte Julia und sagte: ›Alfred Lennon hat John mitgenommen.‹ Sie antwortete: ›Ich werde ihn finden.‹ Was ihr dann auch gelang. Aber man stelle sich vor, sie hat den Fünfjährigen gefragt: ›Bei wem willst du bleiben?‹ Er wusste es nicht. Er hatte seine Mutter eine Weile nicht gesehen, und deshalb antwortete er natürlich: ›Bei Daddy.‹ Als er dann aber sah, dass sie gehen wollte, sagte er: ›Nein, nein, bei Mami.‹ Julia brachte ihn zu mir zurück.

Johns Tante Mimi

extreme Unsicherheit in seinem Leben, ein ›Hier-leben-und-doch-nicht-dazu-gehören‹ und Zerrissenheit.

Das Verhältnis Mimis zu John war immer zwiespältig: Zwar nahm sie ihn einerseits gerne auf, erlaubte aber andererseits weder sich selbst noch ihm, sich wirklich als ihr Sohn zu fühlen. Von Anfang an schuf sie somit eine Distanz.

In der Newcastle Road 9, im Stadtteil Woolton, wuchs John auf. Mit dem rauen, von Seeleuten und Industrie beherrschten Liverpool hatte der hübsche Vorort wenig gemein. Woolton hatte schon fast dörflichen Charakter, war sehr grün, mit kleinen Wäldchen, Feldern und Parks. Onkel George betrieb eine kleine Milchfarm in der Nähe.

Für sechs kurze Monate besuchte John die Mosspits Lane Infants School, bevor er im Mai 1946 in die Dovedale Road Primary School kam. Sein Schulweg führte ihn regelmäßig über die später berühmt gesungene Penny Lane-Kreuzung.

Mit großer Energie bemühte Mimi sich, John von dem ›gemeinen Pack‹ in seiner Umgebung fernzuhalten, lehnte viele seiner Schulkameraden als ›gewöhnlich‹ ab. Klassenunterschiede spielten in den fünfziger Jahren in England immer noch eine sehr große Rolle. Und Mimi, die sich gerade in die Middle Class hinaufgearbeitet hatte, war nicht gerade erpicht darauf, dass ihr Neffe weiterhin Umgang mit Arbeiterkindern pflegte. Dabei verkannte sie, dass der Junge, der sich zu Hause so ordentlich und gesittet benahm, kaum aus der Haustür, der Schlimmste von allen war. Zwar sang er im Kirchenchor von St. Peter's und ging zum Kindergottesdienst, dort allerdings tat er sein Möglichstes, um diesen durch seine Clownerien zu stören. Er prügelte sich durch die Dovedale-Schule, beging Ladendiebstähle, spielte den Leuten in seiner Umgebung heftige Streiche und legte sich provokant und frech mit den Lehrern an. Und so waren es

4 Mutter Julia mit John (1949)

letztendlich die Eltern der anderen Kinder, die ihren Nachwuchs vor dem Umgang mit John warnten.

Auf diese hatte sein unkonventionelles Outlaw-Verhalten zwar eine einschüchternde, gleichzeitig aber auch anziehende, faszinierende Wirkung. Schon in jungen Jahren verband John seine brutale Art mit großem Witz und Scharfzüngigkeit. Oft war er auch erstaunlich philosophisch und verstand es, seinen Worten dadurch eine ungeheure Originalität zu geben. Bei einem Wortgefecht mit ihm zog jeder den Kürzeren. Das hatte er von seiner Tante. Mimi war geradeheraus, hatte eine scharfe Zunge und sagte, was sie dachte, mit verlogenen Höflichkeiten gab sie sich nicht ab.

Zum Teil lag seine rebellische Haltung auch daran, dass er meist kurzsichtig durch die Gegend lief. Fast seit Beginn seiner Schulzeit musste er eine Brille tragen, um überhaupt lesen zu können, was an der Tafel stand. »Brillen« jedoch fand er, »sind für Weicheier«, und lief lieber blind herum. Da er nie wirklich sah, was alles um ihn herum vorging, war er oft extrem verunsichert. Um seine Unsicherheit zu verbergen, legte er sich das härteste Gesicht zu.

Nachbar Ivan Vaughan und der blond gelockte Pete Shotton waren Johns engste Schulfreunde. Auf dem Weg in die Sonntagsschule von St. Peter's freundeten sie sich an und wurden, nach einer kurzen heftigen Konfrontation, unzertrennlich; ›Shennon‹ und ›Lotton‹ bastelte der wortspielverliebte John ihrer beider Namen kurzerhand um.

Liebster Spielplatz der Jungs war der große Park von Strawberry Fields, einem Kinderheim der Heilsarmee. Oft kletterten Pete und John kurzerhand über den Zaun und spielten in der weiträumigen, verwilderten Parkanlage. Für John war Strawberry Fields ein verzauberter Ort – so sehr, dass er ihm später seinen psychedelischsten, traumwandlerischsten Song ›Strawberry Fields Forever‹ widmete.

Das englische Schulsystem
Schulbeginn ist normalerweise mit vier Jahren die *Nursery School*, die eigentliche Schulpflicht beginnt aber erst für die Fünfjährigen mit dem zweijährigen Besuch der *Infant School*. Anschließend folgen vier Jahre *Junior School* (Grundschule). Nach Bestehen des berüchtigten Eleven Plus-Examens kommen die Kinder mit 11 Jahren auf die *Comprehensive School* (Gesamtschule) oder die *Grammar School* (Gymnasium). Mit 17 Jahren schließt sich ein College, eine Universität oder eine andere Hochschule an. *A-Levels* (»Advanced Level«; entsprechen unserem Abitur) werden normalerweise nur in *Grammar Schools*,

Mit elf Jahren kam John in die Quarry Bank High School, eine altehrwürdige Schule, deren herrschaftliches Backsteingebäude direkt am Calderstone Park lag. Sein bester Freund Pete begleitete ihn ebenfalls dahin. In den folgenden fünf Jahren wurde John Lennon zu einem der berüchtigtsten Schüler der Schule. Er rebellierte gegen sämtliche Vorschriften, spielte den Lehrern übel mit und prügelte sich mit jedem, der sich ihm in den Weg stellte – seinen besten Freund Pete immer an seiner Seite.

Sollte John im Unterricht einmal wild »mitschreiben«, hatte sein Eifer selten mit dem Thema zu tun: Er schrieb absurde Kurzgeschichten oder zeichnete abgedrehte Spottkarikaturen. Er war ein fantasievolles Kind, liebte das versponnene Buch ›Alice im Wunderland‹ von Lewis Carroll und schrieb eigene kleine Geschichten, die er mit Zeichnungen illustrierte. »Später verfasste ich dann richtige Gedichte, darunter gefühlvolle Sachen in einer Geheimschrift, damit Mimi sie nicht lesen konnte.«

Geradezu besessen, fasziniert und abgestoßen zugleich war er von allen Formen körperlicher Behinderung, verspottete und imitierte diese auf grausamste Art und machte sie zum wiederholten Thema seiner literarischen und zeichnerischen Ergüsse. Angespornt durch die positiven Reaktionen von Pete, setzte er sich eine Zeit lang jeden Abend hin und schrieb ein Gedicht oder eine Story in ein Buch, dem er den Titel ›The Daily Howl‹ (Das tägliche Geheul) gab. Am nächsten Morgen brachte er Pete die Resultate zum Lesen mit. Die anderen Schüler wurden neugierig, jeder wollte einen Blick hineinwerfen, bis das Werk letztendlich konfisziert wurde – und die Runde im Lehrerzimmer machte.

Obwohl die Lehrer seine Intelligenz und künstlerische Begabung durchaus erkannten, machte er es ihnen mit seinem aggressiven Verhalten unmöglich, ihn zu fördern oder positiv zu bewerten. »Hoffnungslos. Unerhörtes Benehmen«, waren die Worte, die sie in seinem Zeugnis für ihn fanden, die Bestrafungen gingen bis

Technical Colleges oder *Sixth Form Colleges* angeboten.
Die *Grammar School* sieht Unterricht von 9.00–16.00 Uhr vor. Das Tragen einer Schuluniform ist bis zur Mittleren Reife Pflicht. Noch bis in die sechziger Jahren hinein waren die meisten Schulen nach Geschlechtern getrennt.

Technical und *Art Colleges*, auch *Colleges of further Education* genannt, decken sowohl *GCSE* (entspricht unserem Abschluss der Realschule) als auch *A-Level* ab sowie Fächer mit Neigungsschwerpunkten wie Technik, Rechtswesen, Wirtschaft usw. Das Mindestalter für diese Schulart beträgt 16 Jahre.

zur letztendlichen Suspendierung. »Dieser Junge muss scheitern«, schrieb Rektor Pobjoy in Johns letztes Zeugnis.

Als John 13 Jahre alt war, starb sein geliebter Onkel George an einem Blutsturz – eine Tatsache, die den emotional völlig hilflosen Jungen zutiefst erschütterte, und auf die er höchst eigenwillig reagierte: Als er davon erfuhr, drehte er durch und lachte »in einer Tour«.

Zum selben Zeitpunkt aber tauchte die Person wieder in seinem Leben auf, für die er sich mit fünf Jahren entschieden hatte, nur um daraufhin von ihr verlassen zu werden: Seine Mutter Julia. Alle paar Wochen sah er sie, langsam wurde ihm klar, dass sie unmittelbar in der Nähe wohnte. Julia war völlig anders als alle anderen Mütter, die John kannte. Sie war extravagant und extrovertiert, tat, was ihr in den Kopf kam, Konventionen und die Meinung anderer Leute interessierten sie nicht. Oft war sie diejenige mit den verrücktesten Einfällen. »Genau wie wir tat sie nur, was ihr Spaß machte«, erinnert sich Pete. Sie tauchte mit der Unterhose als Kopftuch vor der Schule auf, verblüffte ihre Umgebung mit einer Brille ohne Gläser, durch deren Gestell hindurch sie sich die Augen rieb, und spottete mit John und Pete über ›Spießer‹ und bürgerliche Leute. Julia war eine Rebellin, die sich gegen ihre brave und biedere Umgebung auflehnte, und sich freute, dass ihr halbwüchsiger Sohn nach ihr schlug und ein Draufgänger war. Sie war es schließlich auch, die John sein erstes Instrument beibrachte, das Banjo. Außerdem besaß sie als eine der wenigen ein Grammophon!

1955, John war 15, erreichte eine neue aufregende Musik die Britischen Inseln: Rock'n'Roll (s. Kasten S. 14f.). Kaum hatte John die ersten Takte gehört, war er fasziniert. Die Musik entsprach genau seinem Lebensgefühl, war Katalysator und Ausdruck seiner diffusen Protestideen, hier fand seine Aufmüpfigkeit Gleichgesinnte, drückten fremde, andere Menschen aus, was er fühlte.

Der am 8. Januar 1935 in Tupelo, Mississippi geborene **Elvis Aaron Presley** wurde zufällig von Sam Phillips, dem Chef der Plattenfirma Sun Records entdeckt: Dieser suchte einen Weißen, der wie ein Schwarzer singen konnte und dazu noch gut aussah. Mit Elvis hatte er ihn gefunden. Dieser hatte sowohl eine rebellische als auch eine melancholische Ausstrahlung und Sex-Appeal. Am 10. Februar 1956 wurde ›Heartbreak Hotel‹ veröffentlicht und läutete eine neue Ära im Rock'n'Roll ein. Anders als Bill Haley verkörperte Elvis Jugend und Sex. Besonders sein provokanter Hüftschwung und auch seine sinnliche Art zu singen, die Augen aufzuschla-

Dabei war es gar nicht so einfach, die neue Musik zu hören, der staatliche Sender BBC spielte nur gelegentlich einmal eine Nummer in seinem normalen Programm. Die Rettung für die Heranwachsenden war Radio Luxemburg und die nächtliche ›Jack Jackson‹-Show, die sich ganz dem amerikanischen Rock'n'Roll widmete.

Als auch in England der unglaublich sexy und gut aussehende ehemalige Lastwagenfahrer Elvis Presley auf der Bildfläche erschien und mit spöttisch-verführerisch geschürzten Lippen und erotischem Hüftschwung die Girls zum Kreischen brachte, war es um John Lennon geschehen: So wie Elvis wollte er sein! Eine Gitarre musste her, Musik musste her – er wollte in einer Band spielen!

Kaum jemals zuvor hatte ihn etwas so sehr gepackt. Er bedrängte seine Mutter, sie brachte ihm die ersten Griffe auf dem Banjo bei und kaufte ihm schließlich eine Gitarre. Der erste Song, den er lernte, war Buddy Hollys ›That'll Be The Day‹.

Alles andere in Johns Leben, sogar das Schreiben und Zeichnen, litt unter der Faszination, die der Rock'n'Roll auf ihn ausübte. »Es war das einzige, was zu mir durchdrang«, erinnerte er sich. »Rock'n'Roll war für mich die Realität, alles andere unreal!«

Seeleute brachten von ihren Reisen die neuesten Scheiben aus dem fernen Amerika in die Hafenstadt Liverpool mit. Auch John und Pete legten sich aus diesem Grund ganz schnell neue Freunde zu. Ganze Nachmittage hingen die beiden bei einem Nachbarn herum, der zur See fuhr, lernten durch seine Plattensammlung auch die schwarzen Sänger des Rock'n'Roll, Little Richard und Chuck Berry, kennen.

Die Teddy Boys und ihre Art, sich zu kleiden, machten in England Furore: Samtjacken mit langen Schößen, knallenge Hosen, am besten Jeans, bunte Socken und Schuhe mit dicken Sohlen. John begann, sich entsprechend zu kleiden. Keine einfache Ange-

gen und die Lippen aufzuwerfen, brachte seine Fans zur Raserei. 1958 wurde Elvis in die Arme eingezogen und u. a. in Deutschland stationiert. Nach der Armeezeit vollzog sich Elvis' Wandel vom Rebellen zum Entertainer, der kitschige Hollywoodfilme drehte und in Las Vegas auftrat. In den letzten Jahren nahm er stetig zu, zudem litt er an Tabletten- und Drogensucht, woran er wohl letztendlich am 16.8.1977 starb.

Rock'n'Roll

Bisher hatte die Musik der fünfziger Jahre in England, wie auch im amerikanischen Ursprungsland, aus musikalischen Weichspülern und Schlagern bestanden. Rosemary Clooney (›Mambo Italiano‹), Sänger wie Pat Boone, Johnny Ray, Frankie Lane und Perry Como sowie singende Hollywood-Stars wie Dean Martin (›Memories Are Made of This‹) oder Doris Day (›Whatever will be will be‹) führten die Charts an. Die Musik bestand aus schmeichelnden Tönen, nichts, was wehtat, nichts, was provozierte, aufwiegelte, aufstachelte, erregte.

6 Bill Haley und die ›Comets‹ auf einem Filmplakat von 1957

Die Werbung zeigte glückliche Familien mit wohlerzogenen brav gescheitelten Kindern, Männern, die zur Arbeit gingen, und Frauen, die ihre höchste Erfüllung darin sahen, für ihre Familie ein schönes Heim zu schaffen. Man war stolz auf den errungenen Wohlstand. Zum ersten Mal konnte sich auch der Mittelstand »etwas leisten«, konnte die breite Masse einen Lebensstandard erreichen, von dem frühere Generationen nur hatten träumen können.

Dahinein explodierte mit ungehobelter Kraft und wilder Rauheit eine Musik, die die hübschen Bilder der glücklichen Welt zerfetzte, die an Instinkte appellierte, die das Leben bei den Wurzeln packte, kompromisslos Leidenschaften ansprach, die unter der Oberfläche existierten. Das neue Lebensverständnis war fasziniert vom Rauen, Ungehobelten, Rebellischen, zeigte Menschen, die den Mut hatten, die Brüche und die innere Zerrissenheit darzustellen, die sie alle kannten – doch sich normalerweise nicht zu zeigen trauten.

Schauspieler waren in dieser Hinsicht die ersten ›Rock'n'Roll‹ Stars. In ›Der Wilde‹ (1953) und ›Die Faust im Nacken‹ (1954) zeigte Marlon Brando zum ersten Mal eine grobe Seite, hinter der doch immer eine große Empfindsamkeit offensichtlich wurde. *Das* Idol schlechthin aber wurde der sensible James Dean, der in jedem seiner drei Filme so offensichtlich am Leben scheiterte, der mit enthüllender, geradezu erschreckender Offenheit eine Emotionalität auf die Leinwand brachte, die die Jugendlichen in ihrem Innersten traf.

Ein Film war es auch, der für die Verbreitung des Rock'n'Roll sorgte: ›Saat der Gewalt‹. Bill Haley und seine Band, die Comets hatten mit ›Rock Around The Clock‹ den Titelsong des Filmes und damit *die* Hymne der Jugend geschrieben. Als der Film und mit ihm der Song im März

1955 in die Kinos kam, elektrisierte beider Aggressivität die Jugend in der ganzen Welt. Hier sprach jemand ihre Sprache, mit Worten ebenso wie mit dem hämmernden Rhythmus.

Rock'n'Roll erreichte die Jugendlichen in ihrem Selbstverständnis. Er machte Schluss mit den »Lügen«, zeigte das Leben ungeschminkt, wie es wirklich war – und kreierte doch genau damit wieder einen eigenen, anderen Mythos. Rock'n'Roll zeigte: Das Leben war aufregend! Es bestand nicht nur aus dem leckeren Sonntagskuchen, dem adretten Kleid, dem frisch gewienerten Auto und dem hübschen Häuschen in der Vorstadt. Es bestand aus dem Rumhängen im ›Diner‹, weil da die coolsten Jungs und heißesten Mädchen standen, es bestand aus Röhrenjeans und Lederjacken und hautengen T-Shirts, unter denen die Jungs die Muskeln spielen lassen konnten. Und aus Papas Auto – wo sonst sollte man mit seinem Mädchen Liebe machen? In der letzten Kinoreihe konnte man höchstens wild knutschen.

Genau diese Themen in ihrer Alltäglichkeit und Unmittelbarkeit griffen die Sänger des Rock'n'Roll auf – prägnant in der Wortwahl, treibend, aufregend und laut im Rhythmus. Und die Hörer fanden sich in ihnen wieder. Ob Chuck Berry das erlösende Gefühl beim Klingeln der Schulglocke beschrieb (›School Day‹) oder sich über nervige Nebenjobs ausließ (›Too Much Monkey Business‹). Ob Eddie Cochran beschrieb, wie er im Haus der Eltern eine Party steigen lässt, (›C'mon Everybody‹), mit Papas Auto durch die Straßen kreuzt. Oder ob Little Richard die ganzen heißen Mädchen besang, auf die er scharf war (›Good Golly Miss Molly‹, ›Long Tall Sally‹).

Nicht nur Pfarrer wetterten empört von der Kanzel gegen die ›Negermusik‹, Sittenwächter aller Art, Lehrer, Politiker, Elternsprecher ereiferten sich über die unmoralische Musik, die die niedrigsten Instinkte ihrer Kinder und Jugendlichen ansprach: Zum ersten Mal wurde Sexualität wenig verhüllt thematisiert.

Ein wesentlicher Grund für die Ablehnung durch das Establishment war auch der Tatsache zu verdanken, dass Rock'n'Roll aus dem Blues der Schwarzen entstanden war und in erster Linie von schwarzen Musikern gespielt wurde, dem exaltierten Little Richard, dem gut aussehenden Chuck Berry und dem gutmütigen Fats Domino. Dennoch waren es letztendlich die Weißen, die ihm zum großen entscheidenden Durchbruch verhalfen: Bill Haley und Elvis Presley. Beide aber zeigten in Songs und Bühnenshow die gleiche ungehobelte Wildheit und – vor allem Elvis – unverhüllte Sexualität wie ihre schwarzen Vorbilder. Erst mit diesen beiden Aushängeschildern wurde Rock'n'Roll für die Massen der Jugendlichen annehmbar.

Zum ersten Mal etablierte sich mit dem Rock'n'Roll eine eigenständige jugendliche Gegenkultur, die von den Eltern nicht verstanden und entschieden abgelehnt wurde! Im Prozess ihres Erwachsenwerdens und ihrer Abnabelung von der Welt und den Werten ihrer Eltern hatten die Jugendlichen ein eigenes Ausdrucksmittel gefunden, das mit wenigen Tönen klarmachte, wo sie standen: Auf der anderen Seite!

Auf ganzer Linie wurde Rock'n'Roll zum Symbol des Protestes gegen die erstarrte und prüde bürgerliche Gesellschaft.

legenheit, wenn es immer noch die gestrenge Tante war, die über die Kleiderkäufe wachte. Doch auch hier half Julia immer wieder aus.

John föhnte sich die Haare zur Elvis-Tolle und trug ein kariertes Hemd. Er sah nicht nur aus wie ein Halbstarker, er hatte in dieser Kluft endlich die richtige Hülle für sein rebellisches Inneres gefunden. Dennoch gab er später zu: »Ein echter Rocker war ich nie. Ich war ein Vorstadtjunge, der die Teddy Boys imitierte.«

Mit der Explosion des Rock'n'Roll ging eine andere musikalische Entwicklung in England einher, die des Skiffle. Mit fünf Schulfreunden – Pete wurde dazu verdonnert, Waschbrett zu spielen – gründete John seine erste Band. In Anlehnung an seine Schule nannte er sie die »Quarrymen«. Anfang 1956 ging es los, ab und zu spielten sie auf Partys und Festen oder einer Hochzeit.

Am 15. Juni 1956 hatten die Quarrymen ihren ersten großen offiziellen Auftritt auf einem Kirchenfest, der Woolton Village Fete vor der St. Peter's-Kirche – ein schicksalhafter Tag! Denn Johns Freund Ivan brachte einen Kumpel mit: Paul McCartney.

Der zwei Jahre jüngere Paul war ein völlig anderer Typ als der raue, brutale John. Aber auch er war von der unglaublichen Energie des Rock'n'Roll angesteckt worden. »Kaum hatte er seine Gitarre, war es aus mit ihm«, erinnert sich sein jüngerer Bruder Michael. »Er dachte an nichts anderes mehr, spielte sie auf dem Klo, im Bad, überall, hatte keine Zeit zum Essen mehr…«. Von Anfang an hatte er sich aber nicht nur damit begnügt, die Songs anderer Musiker einzustudieren, sondern auch versucht, eigene Nummern zu schreiben.

Seine Besessenheit zahlte sich aus. Als er auf dem Kirchenfest in Woolton den betrunkenen John Lennon traf, »gab ich mächtig an. Ich zeigte ihm ein paar Akkorde, die er noch nicht kannte.« Noch wichtiger aber war, dass Paul den Song ›Twenty Flight Rock‹ von Eddie Cochran singen und spielen konnte – Johns aktuellen Lieb-

---

Skiffle ist eine sehr volkstümliche Mischung aus Blues, Jazz und amerikanischer Volksmusik, mit z. T. handgemachten Instrumenten, einem Teekistenbass, einem Waschbrett und der Mundharmonika sehr einfach zu spielen. In England erreichte der Skiffle Ende der fünfziger Jahre seinen Gipfel – damals gab es im Land an die 5000 Skiffle-Bands. Sein erfolgreichster Vertreter war Lonnie Donegan, der mit ›Rock Island Line‹ 1956 seinen ersten Hit hatte.
Der Skiffle bereitete dem Beat den Weg. Dieser verband die volkstümlichen fröhlichen Elemente des Skiffle mit der treibenden Energie des Rock'n'Roll.

lingssong. Damit hatte der Youngster gewonnen. Bisher war John in seiner Band der unumstrittene Boss gewesen, jetzt war jemand aufgetaucht, der musikalisch um einiges mehr drauf hatte als er. Er war beeindruckt und ging das Wagnis ein, diesen möglichen »Konkurrenten« in die Band zu holen.

Das war der Beginn einer einzigartigen Partner- und Freundschaft. So unterschiedlich die beiden vom Charakter her auch waren, in kürzester Zeit wurden sie zu engen Freunden. Ihre völlige Begeisterung für Musik war es, die sie verband. Die anderen »Quarrymen«-Mitglieder spielten in der Band, weil es Spaß machte, John und Paul jedoch saugten die Musik völlig in sich auf, teilten eine allumfassende Faszination für alles, was mit Musik zu tun hatte, von neuen Gitarrenakkorden bis zu den Modellen der elektrischen Gitarren ihrer Helden. Sie schwänzten gemeinsam die Schule und übten in Pauls leerem Haus Gitarre, wenn sein Vater bei der Arbeit war. Ein weiterer Vorteil: Jim McCartney besaß ein Piano.

Als John erfuhr, dass Paul sich bereits an eigenen Songs versucht hatte, war sein Ehrgeiz abermals angestachelt, und er machte sich daran, es ihm gleichzutun. Zur damaligen Zeit war es völlig ungewöhnlich, dass Sänger und Musiker selbst Songs schrieben.

Meistens saßen die beiden einander auf dem Sofa gegenüber und klimperten auf ihren Gitarren. In einem Schulheft schrieb Paul die Songs auf, schon damals als »Lennon/McCartney«: »Wir sahen uns als das nächste große Songwriter-Team, was witzigerweise genau das ist, was wir wurden.« Viele dieser allerersten Songs wurden später auch wirklich aufgenommen. ›Love Me Do‹ stammt von 1958, ebenso wie die Rock-Nummer ›One After 909‹, die allerdings erst auf dem allerletzten Album der Beatles landete.

Auch wenn Pauls Vater mit dem neuen Freund seines Sohnes nicht glücklich war und warnte, »der bringt dich in Schwierigkeiten«, unterstützte er ihn doch in der Begeisterung für sein Hobby.

James Paul McCartney wurde am 18.6.1942 in Liverpool geboren. Er war der erste Sohn der Krankenschwester Mary und des Baumwollhändlers James McCartney. Sein Vater spielte selbst in einer lokalen Jazzband. Paul war ein guter Schüler, bestand das Examen mit Auszeichnung und ging anschließend ans Liverpool Institute im Stadtzentrum. (Heute befindet sich darin die Showbiz-Schule LIPA, der Paul als Schirmherr vorsteht.) 1956 starb seine Mutter an Brustkrebs.

Er ließ manchmal sogar die ganze Band im Haus proben und be-
kochte sie. Mimi dagegen ließ nicht einmal den charmanten Paul
durch die Tür. Wenn er kam, musste er zur Hintertür hinein in
die Küche; üben mussten sie draußen auf der Glasveranda.

In der Band war John der unumstrittene Boss. Die Bandmitglie-
der wechselten häufig, weil sie mit seiner provozierenden Art
nicht klarkamen. Auf Pauls Vorschlag hin kam ein weiterer Junge
in die Band, der – obgleich noch jünger als Paul – in ihren Augen
ein richtiger Virtuose auf der Gitarre war: George Harrison.

Durch die Musik und die gemeinsame Fahrt zur Schule im Bus
hatte dieser den ein Jahr älteren Paul kennengelernt. Gelegentlich
übten sie ein paar neue Songs und Akkorde, und so entschloss
Paul sich, George zu einem Konzert der Quarrymen einzuladen
und ihn John vorzustellen. Doch der wollte nichts davon wissen,
der dreizehnjährige George war in seinen Augen ein Kind. Ein Al-
tersunterschied von zwei oder gar drei Jahren bedeutete eine geradezu unüberbrückbare Distanz. Zudem war George – im Gegensatz zum selbstbewussten und gelegentlich fast altklugen Paul –
eher naiv, brav und verhätschelt und betete den älteren John förmlich an.

George blieb hartnäckig, er tauchte bei Proben auf, besuchte
Konzerte der Band und bewies bei jeder erdenklichen Möglichkeit
sein Können. Schließlich gab John auf, George war einfach zu gut.

In der Folge benannten sich die Quarrymen um, wurden in Anlehnung an Cliff Richard and the Shadows, die erste britische
Rock'n'Roll-Band, zu ›Johnny and the Moondogs‹ und traten ver-
stärkt bei Talentwettbewerben auf.

**George Harri-
son** wurde als
jüngstes von
vier Kindern
am 25. 2. 1943 in
Liverpool gebo-
ren. Er hat zwei
ältere Brüder
und eine
Schwester. Sein Vater Harold war
Busfahrer, seine Mutter Louise Hausfrau. George war ein schüchterner
Junge mit abstehenden Ohren. Wie
Paul besuchte er – eine Klasse tiefer –
ab dem elften Lebensjahr das Liverpool Institute. Zusammen mit seinem
Bruder Pete und dessen Freund gründete er seine erste Skiffle-Band.

Kunst & Musik –
Die Liverpooler Szene

Im Herbst 1957 begann John ein Studium an der Kunstakademie in Liverpool, in einem Gebäude, das direkt an das Liverpool Institute, das Paul und George besuchten, angrenzte. Die Quarry Bank High School hatte er ohne Abschluss verlassen – kein einziges seiner O-Level-Examen hatte er bestanden. Dennoch hatten die Lehrer, seine künstlerische Begabung erkennend, eine Empfehlung für die Kunstschule ausgesprochen.

Doch auch dort gab John Lennon sich als Außenseiter. Während die klassischen Kunststudenten weite schwarze Pullover, enge Hosen und einen blauen oder schwarzen Wollmantel trugen, kreuzte Lennon im Rocker-Outfit auf, Teddyboy-Blouson, Pomade in den Haaren und abgerissene Klamotten. Dem Unterricht brachte er dasselbe Desinteresse entgegen wie zuvor in der Schule.

Die Vorstellung ungezügelten Bohème-Lebens war es, die ihn am Art College gereizt hatte. Stattdessen empfand er seine Mitstudenten als Snobs und Intellektuelle, die sich für etwas Besseres hielten. Vor allem ihr Musikgeschmack stieß ihm auf. Die meisten liebten Jazz, einen Musikstil, den er selbst hasste, da er für ihn Dünkel und Überheblichkeit verkörperte.

Zu Hause legte er sich immer öfter mit Mimi an und fand im gleichen Zug nähe-

9 John im Sommer 1957 bei einem Auftritt der Quarrymen, kurz bevor er Paul McCartney kennenlernte. Rechts im Hintergrund Pete Shotton

ren Zugang zu seiner Mutter, verbrachte immer mehr Zeit, oft sogar ein ganzes Wochenende bei ihr und ihrer Familie.

Der Annäherung der beiden wurde in einer Sommernacht ein jähes und tragisches Ende gesetzt. Am Abend des 15. Juli 1958 wurde Julia nach einem Besuch bei ihrer Schwester Mimi auf dem Weg zur Bushaltestelle von dem Wagen eines Betrunkenen erfasst und fast zwanzig Meter weit mitgeschleift. Sie war sofort tot.

Zwar fuhren John und Julias Freund noch am selben Abend ins Sefton General Hospital, wo Mimi bei ihrer toten Schwester wachte, doch John wollte seine tote Mutter nicht noch einmal sehen. Sie war 44 Jahre alt.

John war völlig unfähig, mit dem Geschehenen und seinen Gefühlen umzugehen. Zum zweiten Mal hatte er seine Mutter verloren! Mit keinem Wort und keiner Regung zeigte John nach außen, wie unglaublich ihn ihr Tod getroffen hatte. Selbst mit seinem besten Freund Pete wechselte er lediglich einen Satz über den Vorfall. »Tut mir leid, das mit deiner Mutter«, sagte Pete. »Ich weiß«, sagte John. Und damit war der Fall erledigt und wurde nie wieder berührt.

McCartney, der ebenfalls wenige Jahre zuvor seine Mutter verloren hatte, war der einzige, der nachvollziehen konnte, was in ihm vorging. Und auch wenn die beiden nie darüber redeten – nur auf abgedrehte, geradezu grausame Weise Witze über den Schicksalsschlag machten – schweißte allein diese Tatsache John und Paul zusammen.

John fraß seinen Schmerz in sich hinein, irgendetwas von dem zu artikulieren, was in ihm vorging, war ihm unmöglich. Wenn überhaupt, wurde er noch aggressiver, noch bruta-

ler, ließ seine Wut an seiner nächsten Umgebung, seinen Freundinnen, Bandmitgliedern und Kumpels aus. Er sprach Sachen aus, die niemand sich zu sagen traute. Er war grausam, spottete über die Schwächen und Gebrechen anderer Leute – auch mit antisemitischen Sprüchen wie »sie hätten dich wie alle anderen in den Ofen stecken sollen« –, hatte das Bedürfnis, zu schockieren und abzustoßen. Er war ein permanenter Schnorrer, ›borgte‹ sich Zigaretten, ließ sich zu einem Bier einladen, riss sich die Zeichenutensilien der anderen unter den Nagel. Jetzt ließ er sich auch regelmäßig volllaufen und tendierte dann zu verbaler und physischer Aggressivität.

Kein Wunder, dass viele Menschen um ihn herum Angst vor ihm hatten. Und doch war es genau diese Verachtung, die Freunde und Mädchen an ihm so ungemein faszinierte und anzog.

Trotz all dieser deutlich zur Schau getragenen Abscheu für alles und alle um ihn herum hatte John sich unter dieser harten Maske eine große Sensibilität bewahrt, die ihn spüren ließ, welche Menschen gut für ihn waren, die mit ihrem Anderssein bei ihm an verborgene Gefühle rührten. Dazu gehörten der eher sanfte, weibliche Paul McCartney mit seiner freundlichen offenen Art und der zarte Kunststudent Stuart Sutcliffe.

Der sensible Stuart war der begabteste Student in Johns Klasse, er lebte für die Kunst, atmete und spürte sie, er war eine feinnervige überspannte Künstlerseele. Im Grunde introvertiert, konnte er über seine Lieblingsthemen, Literatur, Kunst, ausländische Filme und Philosophie, gerne und viel reden. Er hatte die Beat-Poeten, Salinger und Colin Wilsons ›Outsiders‹ für sich entdeckt, schwärmte von abgedrehten surrealistischen Filmen und hatte einen starken Hang zur Mystik und zum Existenzialismus. Stuart trug nur schwarze Kleidung, oft auch eine Sonnenbrille.

John war begeistert von ihm, inspiriert von den gemeinsamen Gesprächen, von Stus so fremder Welt. Er war derjenige, der für

◄ 10 Stuart Fergusson Victor Sutcliffe, 1960 in Hamburg. Er wurde 1940 in der schottischen Hauptstadt Edinburgh geboren. Kurz darauf zog seine Familie nach Liverpool. Stus Vater Charles war Seemann, seine Mutter Millie Lehrerin; er hatte noch zwei jüngere Schwestern, Joyce und Pauline.

ihn das Bohème-Leben verkörperte, wie er es sich vorgestellt hatte. Umgekehrt hatte John auch starken Einfluss auf Stuart. Der war von seiner rebellischen, aggressiven Art fasziniert, von seiner rotzigen Antihaltung beeindruckt.

Ein weiterer Mensch, der Johns andere Seite berührte, war die ein Jahr ältere Cynthia Powell, auch sie eine Studentin in Johns Klasse. Sie kam von der anderen, der besseren Seite des Flusses Mersey, war ruhig und wohlerzogen. Im ersten Jahr ihres Studiums hatten die beiden überhaupt nichts miteinander zu tun. Cynthia fand John »einfach abscheulich«, er sie vornehm und eingebildet und machte Witze über sie. Er flegelte sich im Unterricht in den Stuhl hinter ihr und lieh sich von ihr Stifte, Lineal und Radiergummi. Die brave Cynthia wagte es nicht, ihm diese Wünsche abzuschlagen – »schlicht und einfach, er flößte mir Angst ein« –, auch wenn es meist bedeutete, dass sie nur einen Bruchteil der Gegenstände zurückbekam. Und doch – etwas an dieser spröden, bösartigen, widerspenstigen Rauheit reizte sie … Ein ganzes Semester lang schwärmte Cynthia ihn heimlich an, verbrachte Stunden damit, in der Schule herumzuwandern, um einen Blick auf ihn werfen zu können.

Zum ersten Mal kamen sie einander näher, als beide feststellten, dass sie extrem kurzsichtig waren. Doch erst auf der Semesterabschiedsfete forderte John sie zum Tanzen auf und lud sie anschließend mit ihrer Freundin auf einen Drink ein – für die brave Cyn war schon ein Pub-Besuch eine echte Herausforderung. Der Abend war der Durchbruch, die beiden gingen anschließend in Stuarts nahe gelegenes Mini-Appartement und schliefen dort auch gleich miteinander. Den Rest der Ferien verbrachten sie so viel Zeit miteinander wie nur möglich, gingen ins Kino oder in die Coffee Bar Händchen haltend und redend.

Die Verbindung verstanden weder seine noch ihre Freunde, die beiden waren zu unterschiedlich, keiner passte in die Welt des an-

---

Als ich sie dann sah, war ich überrascht, wie anders diese attraktive wohlerzogene Frau war, im Vergleich zu den anderen Mädchen, die sonst um ihn herumhingen. Sie war ungewöhnlich höflich und unglaublich schüchtern, und ich fragte mich, ob sie nicht eine zu zarte Blüte in Johns Händen war.

Johns Jugendfreund Pete Shotton über
Johns Freundin Cynthia Powell

deren. Und doch, für seine Verhältnisse war der 18jährige John total verliebt. Sein bester Freund Pete konnte sich nicht erinnern, John jemals so aufgeregt wegen eines Mädchens gesehen zu haben. (Seine erste Freundin, Barbara Baker, hatte er mit 15, die Beziehung dauerte immerhin zwei Jahre.)

Cynthia ging es genauso: Johns egozentrische dominante Art schlug die unschuldige Cynthia völlig in den Bann. »Meine sozialen Kontakte drehten sich um John und John allein.«

Gleichzeitig hatte sie »75% der Zeit Angst vor ihm«. Nicht zu Unrecht, sie stritten sich häufig, bis hin zu Handgreiflichkeiten. Wenn jemand John etwas bedeutete, benahm er sich oft besonders grob und verletzend. Verletzte zuerst und machte seine eigenen Gefühle zunichte, um nicht später eventuell von anderen verletzt zu werden.

Während Cynthia hoffte, »Johns Glauben an die Menschheit wiederherstellen zu können«, paarte sich bei ihm Verachtung mit seiner »Liebe«. Cynthia war »etwas Besseres«, sie zu erobern und zu erniedrigen ein Triumph. Sicher liebte er sie, gleichzeitig aber verachtete er sich für diese Schwäche und ließ diese Verachtung an ihr aus. Ihre Beziehung war eine Mischung aus Furcht, Abhängigkeit, Liebe und Hörigkeit. Darüber hinaus war er unglaublich eifersüchtig, immer wieder sah Cynthia sich Attacken ausgesetzt, ihn nicht genug zu lieben oder zu lange mit einem anderen Jungen geredet zu haben.

John dagegen fand nichts dabei, vor ihren Augen mit anderen Mädchen herumzuknutschen. Nach den Macho-Regeln der Liverpooler Arbeiterklasse galten andere Regeln für Männer und für Frauen: In sexueller Hinsicht waren Frauen über-

11 Cynthia Powell zu Beginn der 60er Jahre. Sie wurde am 10. September 1939 in Blackpool geboren. Sie hat noch zwei Brüder. Im September 1958, mit 18 Jahren, begann sie ihr Studium am Liverpool College of Art.

menschlich und begehrenswert, im normalen Alltagsleben jedoch war es nicht der Mühe wert, sich mit ihnen zu beschäftigen oder gar sie ernst zu nehmen.

Da John die französische Schauspielerin und Sexgöttin Brigitte Bardot verehrte, ließ Cynthia sich die Haare blond färben und imitierte deren Kleidung. Von der braven grauen Maus verwandelte sie sich zur Bohemienne, trug kurze Röcke, eng anliegende schwarze Pullover, hochhackige Schuhe und schwarze Netzstrumpfhosen. »Ich muss in jeder Hinsicht wie eine Hure ausgesehen haben«, fand Cynthia später.

Fünfzehn Monate dauerte es, bis die Quarrymen nach Julias Tod wieder auftraten. In ordentlichem Aussehen, in weißen Hemden und schwarzen Schlipsen, spielten sie bei Vereinsfesten und kirchlichen Veranstaltungen. Als neuestes Mitglied brachte John Stu in die Band.

Da Musik ihm so einfach zuflog, konnte John sich überhaupt nicht vorstellen, dass es anderen nicht so ging, und bemühte sich immer, die Menschen, die er mochte, auch in seine Musik einzubinden. Bei Stu gelang das genauso wenig wie zuvor bei Pete Shotton. Als Stu bei einer Ausstellung ein Bild für den unerhörten Preis von 60 Pfund verkaufte, überredete John ihn dazu, in einen E-Bass zu investieren – und das, obwohl Stu keinen einzigen Ton spielen konnte und auch, im Grunde seines Herzens, nicht das geringste Interesse daran hatte. Ein weiterer Beweis für Johns unglaubliche Überzeugungskraft, mit der es ihm gelang, Menschen auch gegen ihren Willen zu etwas zu bewegen.

Mit aller Macht bemühte die Band sich um Professionalität. Sie gaben sich den neuen Namen The Beatles – auch das wieder ein typisch lennoneskes Wortspiel: In Anlehnung an Buddy Hollys Band The Crickets (Die Heuschrecken) waren ihm die Beetles (die Käfer) eingefallen, die er einfach mit der Musik, dem Beat, verband.

> Manchmal war Johns Eifersucht und Besitzergreifen geradezu unerträglich, und ich war ein nervöses, zitterndes Wrack – (…) so dass allein der Gedanke, am nächsten Tag wieder ans College zu gehen, mich mit Angst erfüllte.
> *Cynthia Lennon*

Darüber hinaus besorgten sie sich einen Manager, den Nacht-clubbetreiber Alan Williams, in dessen ›Jacaranda‹ in der Slater Street sie gelegentlich auftraten. Williams verschaffte ihnen Enga-gements in den Clubs der Umgebung – wie im arrivierten Jazz-club ›Cavern‹, in dem man mit ihrer Musik wenig anfangen konn-te – und im ›Casbah Club‹, den die Hausfrau Mrs. Best in einem Kellerraum ihres Hauses in West Derby eröffnet hatte. Der Club schlug voll ein, die Beatles wurden zur Hausband und spielten im Herbst 1959 fast jedes Wochenende dort. Williams engagierte sie außerdem als Begleitband für eine Stripperin und schickte sie auf Talentwettbewerbe. In Manchester ergatterten sie bei einer sol-chen Gelegenheit ihr erstes Profiengagement: Eine Tournee durch kleine Tanzlokale in Schottland als Vorgruppe von Johnny Gentle. Während John, Paul und George die Aufregung dieses ersten Vorgeschmacks auf das Rock'n'Roll-Leben genossen, litt einer in diesen zwei Wochen ohne Ende: Stuart. Nachdem John ihn erst einmal überredet hatte, mitzumachen, ließ er jetzt keine Gelegen-heit aus, auf ihm herumzuhacken. »Wir sagten ihm, wir könnten nicht mit ihm zusammensitzen. Er könne auch nicht mit uns es-sen. Wir waren abscheulich«, gab er zu.

1960 zog John bei Tante Mimi aus. Gemeinsam mit seinen Stu-dienfreunden Stuart Sutcliffe und Rod Murray nahm er sich eine

12 John, Paul, der Drummer Pete Best und George

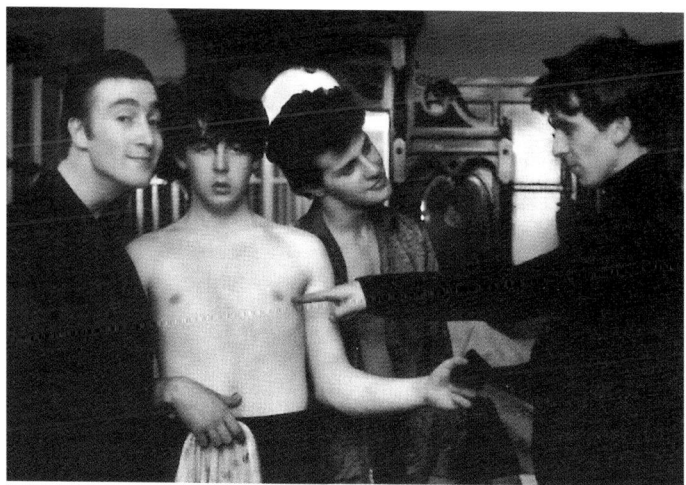

Wohnung in der Gambier Terrace 3, in unmittelbarer Nähe der Akademie. Mimi war davon nicht angetan, schimpfte, wann immer sie ihn sah, »Du bist so dünn, du isst nicht richtig…«. Auch Cynthia war nicht begeistert von Johns neuer Bleibe, wenngleich sie einen Ort gefunden hatten, an dem sie zusammen allein sein konnten.

Alles, was John wichtig war, flößte ihr Angst ein, alles, was ihm etwas bedeutete, betrachtete sie mit merkwürdiger Abscheu, das ›Jacaranda‹ glich für sie »Dantes Inferno«, die Lunchtime- und Dancehall-Auftritte waren »oft sehr Furcht einflößende Erlebnisse für mich«. Zwar bemühte sie sich herauszufinden, »what makes him tick« (wie er funktioniert), das wirkliche innere Verständnis für seine Welt jedoch fehlte ihr völlig. Die Welt und die Werte, mit denen sie aufwuchs, waren von seinen zu verschieden. Sie freute sich mit ihm, wenn er mit leuchtenden Augen davon berichtete, vielleicht mit Billy Fury auf Tour zu gehen, oder genoß es, wenn er mit Paul und George probte. Aber immer blieb sie eine Beobachterin von außen, sie sah seine Freude und freute sich mit ihm, aber nie war sie selbst davon berührt, verstand sie wirklich im Innersten die Bedeutung.

Im Sommer 1960 kam Alan Williams mit einer großartigen Nachricht: Er hatte ein Engagement in Hamburg für sie aufgetan. Für die Beatles gab es daran nur ein Problem: Sie hatten mal wieder eines ihrer Mitglieder vergrault und standen ohne Drummer da. Die Lösung war Mrs. Bests Sohn Pete, der Schlagzeug spielte und begeistert mitmachte.

Auch wenn – glücklicherweise – keiner ahnte, was sie dort erwarten würde, löste das Hamburg-Engagement einen Aufstand bei den Familien aus. Die einzige, die wie üblich gelassen reagierte und gar nicht versuchte, ihren Sohn von der Reise abzubringen, war Louise Harrison, und das, obwohl der schmächtige George gerade 17 Jahre alt war.

Mein erster Eindruck seiner Wohnung war entsetzlich, wie konnte er in solcher Umgebung – völlig ohne jede Annehmlichkeiten – leben? Eine Doppelmatratze lag desolat in einer Ecke des Raumes unter einem großen dreckigen Fenster ohne irgendetwas, das auch nur ansatzweise einem Vorhang geähnelt hätte. Der Boden war mit Farbspritzern übersät, eine Staffelei dominierte den Raum, Leinwände lagen und standen ohne jede Ordnung im Zimmer herum.

Cynthia Lennon über Johns erste eigene Wohnung in Liverpool

Hamburg

In seinem Lastwagen fuhr Alan Williams im Sommer 1960 die Beatles, John, Paul, George, Stuart und Pete Best, und ihr Equipment nach Hamburg. Sie hatten sich extra frisch ausstaffiert, trugen Samtjacken, enge schwarze Jeans, weiße Hemden mit Schlipsband und spitze Schuhe – unpassender hätten sie kaum aussehen können. Mit der Realität wurden sie aber schnell konfrontiert: Auftreten sollten sie in einem ehemaligen Sexclub, dem schäbigen ›Indra‹, schlafen im benachbarten ›Bambi‹-Kino, hinter der Leinwand. Wenn Filme liefen, verstanden sie jedes Wort. Das Programm: jeden Tag acht Stunden spielen. Ein hartes Erwachen für die 18- (Paul) und 19jährigen Jungs (John), in Liverpool hatten sie ein- bis zweimal die Woche eine Stunde am Abend gespielt.

Ebenso mochte John in Liverpool einen auf harten Kerl gemacht haben, auf dem Kiez sah er, was wirklich harte Typen waren! Gewalt, Prügeleien und Messerstechereien zwischen betrunkenen Seeleuten und den Kellnern, die sich zumeist aus den umliegenden Boxclubs rekrutierten, waren an der Tagesordnung.

Die Anweisung von Clubbesitzer Bruno Koschmider, einem ehemaliger Federgewichtsboxer, an seine neue Band war simpel: »Mak Show – Mach Schau«. Er wollte keine Band haben, die brav auf der Bühne stand. Wer in das heruntergewirtschaftete, ehemalige Striplokal ›Indra‹ schaute, sollte das Gefühl haben, dass hier der Bär tobte. Nach anfänglicher Schüchternheit fand die Gruppe, und besonders John, großen Gefallen daran und tobte sich grenzenlos aus, pöbelte, trank und grölte auf der Bühne.

Nach dem ersten ›Schock‹ über den Kiez liebte John das abgefahrene Hamburger Umfeld: Die Huren und die Zuhälter, die

Wie Liverpool ist **Hamburg** eine Hafenstadt, die Atmosphäre der beiden Städte, die übrigens beide auf dem gleichen Längengrad liegen, durchaus ähnlich. In einem aber unterscheidet Hamburg sich ganz entscheidend von Liverpool: Auf der Reeperbahn gibt es mehr Sexclubs und Striplokale als in jeder anderen Straße der Welt.

Gangster, die Stripclubs und Erotikhotels, die Transvestiten und kleinen Diebe. Er trat mit Klobrille um den Hals auf, spazierte nur in seiner langen Unterhose, die Sonnenbrille auf der Nase fünf Minuten lang zeitunglesend auf der Straße herum, predigte vor einem Papierkreuz aus dem Fenster eines Lokals hinaus zu der Menge, die sich dort versammelt hatte, und beging Ladendiebstähle…

Nach zwei Monaten nahmen die Beschwerden über den Lärm aus dem ›Indra‹ derart überhand, dass Koschmider das Lokal schließen musste und die Beatles ab sofort in seinem besseren Laden, dem ›Kaiserkeller‹, auftraten. Zwar wechselten sie sich hier mit einer anderen Band ab und spielten nur noch sechs Stunden, dennoch mussten sie dadurch zwölf Stunden anwesend sein. Sie lebten auf der Bühne, spielten, stritten, tranken und blödelten dort. Sie bekamen jede Menge Drinks spendiert, so dass sie beinahe jeden Abend betrunken waren. Mit dem Aufputschmittel Preludin hielten sie sich über Wasser.

Die Zuhörer waren hingerissen von den wilden Liverpoolern. Je mehr Resonanz sie bekamen, umso irrer benahmen sich John, Paul und George. Einen besonderen Effekt erzielten die Nazi-Parolen, die John von der Bühne brüllte: »Das Publikum raste nur umso wilder.«

Stuart hielt sich aus ›Mak Show‹ heraus, drehte beim Spielen dem Publikum lieber den Rücken zu, damit niemand sah, wie miserabel er eigentlich Bass spielte. Die interne Rivalität zwischen ihm und Paul erreichte in Hamburg ihren Höhepunkt: Von dem Moment an, an dem Stuart zum ersten Mal auftauchte und John mit seinem Kunstverständnis und seiner

13 Stuart Sutcliffe, John Lennon und Paul McCartney *on stage*

intellektuellen, tiefsinnigen Art in seinen Bann schlug, war Paul eifersüchtig auf ihn gewesen. »Wahrscheinlich kämpften wir beide um Johns Aufmerksamkeit«, gab er später zu. In Hamburg machte er umso begeisterter bei Johns bösartigen Sticheleien gegen Stu mit.

Was ihre Musik anging, waren die Wochen in Hamburg allerdings die beste Schule, die die Beatles durchlaufen konnten, schließlich standen sie jeden Tag acht Stunden auf der Bühne. Ihre Spielfertigkeit verbesserte sich unglaublich, ebenso wie ihr Zusammenspiel, sie lernten, wie man ein Publikum packt, wie man desinteressierte, gelangweilte Menschen in seinen Bann zieht, sie begeistert, mitreißt – so dass sie am nächsten Tag wiederkommen, weil sie die Band noch einmal sehen wollen.

Darüber hinaus schweißte das Leben in Hamburg auch die Gruppe auf eine einzigartige Weise zusammen. In einem Land, dessen Sprache sie kaum verstanden, in dem sie niemanden kannten und in erster Linie von Gangstern, Prostituierten, Ex- und Noch-Boxern und Seeleuten umgeben waren, entwickelten sie eine eigene Art miteinander umzugehen und miteinander zu reden, fast eine Art Codesprache aus Witzeleien und Worthülsen.

Hamburg war somit in jeder, nicht nur in musikalischer Hinsicht, eine unglaubliche Erfahrung. Auch was die zahlreichen sexuellen Verlockungen der Stadt anging. Zwar hatten John und Cynthia sich Treue geschworen, doch den vielen hübschen Mädchen zu widerstehen, die es nur darauf anlegten, einen von den süßen blassen Engländern ins Bett zu kriegen, war einfach unmöglich. »Die ersten Erfahrungen hatten wir in Liverpool gemacht, aber so richtig auf den Geschmack kamen wir hier«, berichtete Paul McCartney. Trotzdem schrieb John jeden, wirklich jeden Tag an Cynthia. »Die Briefumschläge waren mit Liebesgedichten und Küssen verziert, so, dass es fast unmöglich war, die Adresse zu lesen.« Ständig schickten sie einander Fotos aus dem Automaten.

In Liverpool wurde ich großgezogen, aber in Hamburg wurde ich erwachsen.

John Lennon

Ihre freie Zeit verbrachten sie in den engen Gassen von St. Pauli oder auf der sündigen Meile, der Reeperbahn. Dort hingen sie mit den anderen Bands aus Liverpool herum, wie Rory Storm and the Hurricans und ihrem Drummer Ringo Starr. Den Rest Hamburgs nahmen sie kaum wahr. Ihr Kontakt zu Deutschen blieb auf die Mädchen, die mütterliche Klofrau Tante Röschen und die Wirte der Kneipe ›Gretel und Alfons‹ beschränkt.

Das änderte sich, als ein junger Kunststudent namens Klaus Voormann nach einem Streit mit seiner Freundin Astrid Kirchherr, vom Musiklärm angezogen, betrunken und zufällig im ›Kaiserkeller‹ landete. Fasziniert von der elektrisierten Atmosphäre in dem Club und der Power der Band auf der Bühne, kam er am nächsten Abend wieder, brachte seine Freundin und weitere Freunde mit und suchte den Kontakt zur Band.

Und in der Tat wurden Klaus, Astrid und ihr Kreis von Kunst- und Fotografiestudenten zu den wenigen deutschen Freunden, die die Beatles in Hamburg hatten. In den Spielpausen hing die Band an ihrem Tisch herum, versuchte radebrechende Gespräche. Während George und Paul ihre auf der Schule erworbenen Deutschkenntnisse zu neuem Leben erweckten, gab John sich nicht die geringste Mühe, ein paar deutsche Brocken zu lernen, oder in ansatzweise verständlichem Englisch zu reden. Lieber rotzte er abfällige Sprüche über die ›Krauts‹, auch wenn er den Kontakt zu den Studenten im Grunde sehr schätzte und auch bei ihnen, laut Astrid Kirchherr, »eindeutig die Nummer Eins war. Er war die ausgeprägteste Persönlichkeit.« Sie beeindruckte, dass er auch tat, was er sagte. Engeren Kontakt zu Paul zu bekommen empfand sie dagegen als schwierig. »Dabei war er immer freundlich. Er sagte die Nummer an, kümmerte sich um Autogrammwünsche, die Fans liebten ihn am meisten.« George »war für uns einfach nur ein junger lieber Keil. Er war in allen Dingen so offenherzig.«

Alle Leute haben mal Lust, was Verrücktes zu unternehmen. Aber natürlich tut man es dann doch nicht. Bei John war der Gedanke kaum in seinem Kopf aufgetaucht, da handelte er auch schon entsprechend.

Astrid Kirchherr

Der Mann ihres Herzens jedoch war Stu! Auf Anhieb verliebte Astrid sich in den feinnervigen Maler und besiegelte damit ihre Trennung von Klaus. Im November 1960, zwei Monate nachdem sie sich kennen gelernt hatten, verlobten sich Astrid und der 19-jährige Stu.

Mehrmals war ihr Gastspiel verlängert worden, fünf Monate lang waren sie bereits in Hamburg, als die Polizei – wohl durch einen kleinen Tip des verärgerten Bruno Koschmider, der spitzgekriegt hatte, dass ›seine‹ Jungs sich nach Auftrittsmöglichkeiten in anderen Clubs wie dem arrivierten ›Top Ten‹ umsahen – feststellte, dass George mit 17 Jahren noch minderjährig war und natürlich weder Aufenthalts- noch Arbeitserlaubnis hatte. Jeden Abend wurde in den Lokalen die Durchsage gemacht, dass ab 22 Uhr alle Jugendlichen unter 18 das Lokal zu verlassen hätten. Auf die Idee, auch die Musiker auf der Bühne zu kontrollieren, war bis dahin niemand gekommen. Doch nun musste George alleine nach England zurückfahren.

Auch den anderen war keine lange Zeit mehr beschieden. Koschmiders Arm reichte weit. Nach dem ersten Auftritt der Beatles im ›Top Ten‹ sorgte er dafür, dass Paul und Pete wegen Brandstiftung des Landes verwiesen wurden – wohl oder übel folgte John. Stuart allerdings hatte sich entschlossen, in Hamburg bei Astrid zu bleiben, die Band zu verlassen und in Hamburg weiter Kunst zu studieren. Paul übernahm in Zukunft für ihn den Baß.

14 John Lennon, 1960 in Hamburg. Diese Aufnahme von Jürgen Vollmer, der zum Hamburger Freundeskreis der Beatles gehörte, verwendete John im Jahr 1975 als Coverfoto für seine Solo-LP ›Rock'n'Roll‹.

Große Sprüche hatten sie geklopft, als sie damals aus Liverpool weggegangen waren, hatten von den sagenhaften Verdienstmöglichkeiten im fernen Hamburg erzählt – stattdessen hatten sie alles auf den Kopf gehauen, und John musste einen Teil seiner Kleidungsstücke verkaufen, um das Geld für die Rückfahrkarte zusammenzubekommen.

Nach dem aufregenden Leben in Hamburg schien der Alltag in Liverpool ziemlich langweilig. Wochenlang hing die Band frustriert durch mit dem Gefühl, nichts hätte sich verändert und ihre Träume sich zerschlagen. Paul nahm einen Job als Beifahrer und Lastenausträger bei einem LKW-Fahrer an.

Doch am 27. 12. 1960 gaben sie ihr erstes Konzert in Liverpool – und bliesen ihre Fans weg! Jetzt wusste jeder, was sich in Hamburg getan hatte, inklusive der Beatles selbst. »In Hamburg haben wir uns wirklich entwickelt, dort mussten wir alles versuchen, was uns nur einfiel. Erst nach unserer Rückkehr aus Deutschland wurden wir uns über den Unterschied klar.« Fünf Monate täglichen achtstündigen Trainings hatten deutliche Spuren hinterlassen, als die Beatles nach Liverpool zurückkehrten, »explodierten sie in eine ermattete Szene hinein« (DJ Bob Wooler), hatten eine Power, eine Energie auf der Bühne, die in Liverpool noch keiner gespürt hatte. Sie verkörperten etwas Lautes, Wildes, Ungezügeltes, trugen Cowboystiefel und schwarze Lederhosen, während alle anderen Liverpooler Bands sich an dem erfolgreichsten britischen Star Cliff Richard und seinen adrett aussehenden Shadows orientierten.

Die Beatles bekamen mehr Engagements, mehr Geld, Fans kritzelten ihren Lastwagen voll und wollten Autogramme haben. »Wir stellten fest, dass wir berühmt waren. Da begannen wir zum ersten Mal zu glauben, dass wir wirklich gut sind.«

Der Ruhm hatte ganz offensichtlich weitere Vorteile: Mädchen! Ziemlich einfach ließ es sich für die »Stars« auf der Bühne an, die

Tante Mimi: »Wo sind die 100 Pfund die Woche, von denen du mir erzählt hast?«
John: »Keine Ahnung, aber habe ich nicht tolle neue Stiefel?«

Nach der Rückkehr der Beatles aus Hamburg

Mädchen im Publikum aufzugabeln. Meist ergab sich die Gelegenheit zu einem kleinen Quickie. Obwohl John fest mit Cynthia zusammen war, ließ er in dieser Hinsicht keine Gelegenheit aus und hatte sogar, gemeinsam mit seinem alten Freund Pete Shotton, eine längere, rein sexuelle Beziehung zu zwei Stripperinnen.

John und Stuart hielten den Kontakt aufrecht. Astrid erinnert sich: »Stuart verbrachte Stunden damit, Briefe an John in Liverpool zu schreiben. Er steckte seine ganzen Gefühle, seine ganzen Erfahrungen und Erlebnisse und Erkenntnisse hinein, auch Zeichnungen und Gedichte. Manche seiner Briefe waren zwanzig Seiten lang. Und genauso lang und tiefschürfend waren die, die von John zurückkamen.«

Kaum war George im Februar 1961 achtzehn Jahre alt geworden, fuhren die Beatles wieder nach Hamburg, diesmal zu Auftritten im ›Top Ten‹, diesmal auch mit einer ordentlichen Arbeitsgenehmigung. Das allabendliche Programm: von sieben bis zwei, samstags bis drei Uhr nachts, nach jeder Stunde gab es eine Pause von 15 Minuten.

Astrid, die auf der Kunsthochschule Fotografie studierte und nebenher in einem Fotoatelier jobbte, bat die fünf, sie fotografieren zu dürfen. So entstanden die ersten professionellen Bilder, und Astrids optisches Gespür prägte das visuelle Image der Band. Sie war es, die Stu die James-Dean-Tolle aus der Stirn kämmte, seine Haare gleichmäßig über die Augen strich und somit das kreierte, was als ›Pilzkopf‹ in die Musikgeschichte eingehen sollte.

Diesmal besuchten Cynthia und Pauls damalige Freundin Dot die beiden zwei Wochen lang in Hamburg. Cynthia übernachtete bei Astrid und ihrer Mutter in deren Wohnung in der Elmsbütteler Straße, Dot mit Paul auf dem Hausboot der ›Top Ten‹-Toilettenfrau Röschen. Trotz des derben Umfelds – schließlich befanden sich die Clubs in Hamburgs Sexviertel – genoss Cynthia die beiden Wochen ausgiebig: »Tränen vor Lachen waren die einzigen,

Im Alter von 17 Jahren stürmte **Cliff Richard** mit ›Move It‹ zum ersten Mal die britischen Charts. Britische Magazine feierten Cliff Richard als das englische Teenager-Idol schlechthin. Denn Cliff aber war ein sauberer, junger Mann, der mit dem Rebellischen, Wilden, Dreckigen und Ungestümen des Rock'n'Roll kaum etwas gemein hatte. Sehr bald schwenkte er dann auch vom flotten Sound des Teddy-Boys auf Schmusekurs um und betäubte mit Liedern wie ›I Love You‹ die Massen. Die Sechziger waren für Cliff Richard eine Zeit kontinuierlicher Charterfolge. Bis 1968 arbeitete er eng mit seiner Begleitband The Shadows zusammen.

15 Pete Best, George Harrison, John Lennon, Paul McCartney und Stuart Sutcliffe in Hamburg. Foto von Stus Freundin Astrid Kirchherr

die ich in dieser Zeit vergoß.« Zweimal verbrachte Cynthia die Nacht mit John in seiner schäbigen Absteige, im Stockbett, den jungen George über sich, die anderen ebenfalls mit im Zimmer. Darüber hinaus bekam Cynthia eine Kostprobe davon, dass ihr Freund sich die Hamburger Sitten bereits gut angeeignet hatte: Als John sah, daß ein Besucher des ›Top Ten‹ versuchte, sich an Cynthia heranzumachen und sie zu betatschen, jagte er mit einem Sprung von der Bühne, schnappte eine Flasche und zog sie dem ›Angreifer‹ über den Schädel. Eine volle Minute lang starrte dieser ihn fassungslos an, entschuldigte sich dann, und mit einem geknurrten »Mach das nicht noch mal!« kletterte John auf die Bühne zurück.

In Hamburg machten sie ihre erste Plattenaufnahme, sie begleiteten den Star des ›Top Ten‹, den Briten Tony Sheridan, bei seiner Einspielung des Klassikers ›My Bonnie‹. Bert Kämpfert, der Talent-

Tony Sheridan wurde 1940 als Anthony Esmond Sheridan McGinty in Cheltenham geboren. Schon als Teenager begleitete Tony den Star Marty Wilde, mit 19 sang er in einer TV-Show, tourte mit Gene Vincent durch England. In Hamburg war Tony einer der einflussreichsten Musiker, viele der Liverpooler Bands kopierten seine Art, Gitarre zu spielen. Von Januar bis März 1962 trommelte Ringo Starr in Tonys Band The Jets in Hamburg, gab aber nach drei Monaten, entnervt von den Eskapaden des Bandleaders, auf. Sein launisches Temperament verhinderte es wohl auch, dass Sheridan jemals zu einer großartigen Karriere durchstartete.

scout der Plattenfirma Polydor, hatte Tony für eine Single unter Vertrag genommen. Tony empfahl die Beatles als Begleitband für die Aufnahmen, die am 22. Juni 1961 in der Halle einer Schule stattfanden. Der Name Beatles allerdings war Kämpfert zu fremdartig, er benannte sie in Beat Brothers um. Dabei hatten sie erstmalig die Gelegenheit, zwei eigene Nummern aufzunehmen, das von John gesungene ›Ain't She Sweet‹ und das Instrumentalstück ›Cry For A Shadow‹, die einzige Lennon/Harrison-Komposition.

Im Juli 1961 waren sie wieder in Liverpool zurück und machten weiter, womit sie in Hamburg begonnen hatten: ›Mak Show‹ und Chaos auf der Bühne. Ihre Konzerte waren improvisiert, wild und ungehobelt. Alles, was anlag, wurde auf offener Bühne ausgetragen, ob technische Mängel oder persönliche Streitigkeiten. Sie probten nie, neue Songs wurden auf der Bühne einstudiert.

1961 traten sie in Tanzsälen auf, viele ihrer Konzerte endeten in wüsten Schlägereien. Hysterische Tumulte gab es etwa, wenn Paul zu seiner ekstatischen Little-Richard-Imitation mit ›Long Tall Sally‹ ansetzte. Gelegentlich bekamen auch die Beatles dabei einiges ab, mal konnte Paul nur unter größten Anstrengungen sein Instrument retten, mal gab's Schrammen und ein blaues Auge.

Neben der Musik waren Gedichte und skurrile Geschichten weiterhin Johns wichtigstes kreatives Ventil. Bill Harry, Chefredakteur der Liverpooler Stadt- und Musikzeitung ›Mersey Beat‹ und ein guter Freund von Stuart, bekam einige Texte in die Hand: »Es war völlig anders als das, was ich erwartet hatte. Die amerikanischen Beat-Poeten waren momentan total angesagt und der größte Teil der Studentenpoesie war ein Abklatsch derselbigen. Johns Stück hatte eine Frische und Originalität in seiner schieren Verrücktheit. (…) Sein Sinn für Humor war fast surreal.« Für die erste Ausgabe des Blattes, das am 6. Juli 1961 erschien, bat er John daher um Beiträge, und der steuerte eine ›kurze unterhaltsame Abhandlung über die zweifelhaften Ursprünge der Beatles‹ bei.

Der **Mersey** ist der Fluß, an dem Liverpool liegt, als **Beat** wird die britische Rockmusik der sechziger Jahre bezeichnet. Um der vibrierenden und riesigen Musikszene eine Plattform zu geben, startete der Journalist Bill Harry im Sommer 1961 eine Musikzeitung mit dem Namen ›Mersey Beat‹. Unter dem Oberbegriff Mersey Beat wurden später alle Bands gehandelt, die aus der Gegend um Liverpool und im Kielwasser der Beatles erfolgreich wurden: Gerry and the Pacemakers, The Searchers, The Swinging Blue Jeans usw. Im Oktober 1961 zählte DJ Bob Wooler ungefähr 350 Bands in der Merseyside Area.

Viele Leute fragen, was sind Beatles? Warum Beatles? Iiih Beatles, wie kam der Name? Also erzählen wir es euch. Es kam in einer Vision – ein Mann erschien auf einer flammenden Torte und sagte ihnen: »Von diesem Tage an seid Ihr Beatles mit A.« Dankeschön, Herr Mann, sagten sie dankbar.
John Lennon, ›Über die zweifelhaften Ursprünge der Beatles‹ (Ausschnitt), zit. nach Posener, 1987

Auch die etablierten Jazz-Clubs konnten sich der neuen Musikwelle nicht länger verschließen, der ›Cavern‹ öffnete seine Pforten schließlich auch für die verachteten Rocker. Der anerkannte DJ Bob Wooler sorgte dafür, dass die Beatles dort ein festes Engagement bekamen: Vom Januar 1961 bis zum Februar 1962 traten sie insgesamt 292mal hier auf, anfangs für fünf, zuletzt für 300 Pfund pro Auftritt. Den Namen ›Höhle‹ trug der ehemalige Weinkeller in der Liverpooler Matthew Street zu Recht: Ein düsteres Gewölbe, 18 Stufen tief, in dem die Feuchtigkeit von den Wänden tropfte – keine ungefährliche Angelegenheit bei den ganzen Verstärkern und elektrischen Anlagen.

Eine absolute Neuheit und gleichzeitig ein großer Erfolg, vor allem bei den Sekretärinnen und Büroangestellten, waren die ›Lunchtime Sessions‹, Konzerte zur Mittagszeit. Spielten die Beatles zweimal am Tag im ›Cavern‹, stellten sich die Girls nach der Lunchtime Session gleich wieder für den Abend an, einige lungerten den ganzen Tag um den Club herum, nur um die Beatles zu sehen. Gelegentlich kam es zwischen den Mädchen sogar zu Schlägereien um die besten Plätze. Wurden dann die Türen geöffnet, stürmten sie hinein und rannten sich fast gegenseitig über den Haufen. Wichtig war es, so weit wie möglich vorne zu stehen, die Jungs so nah wie möglich vor sich zu haben, sie zu sehen und vor allem von ihnen gesehen zu werden.

Sie [Die Beatles] sind der Stoff, aus dem die Schreie sind. Hier war die Aufregung – physisch und aural –, die die Rebellion der Jugend in den Fünfzigern symbolisierte. Sie waren »the real thing« (…), vier menschliche Dynamos, die einen Beat hervorbrachten, der unwiderstehlich war. (…) unbekümmert, was einen Einheitslook oder Klamotten angeht, ungekämmt und langhaarig, rauh, aber romantisch, sprachen sie beide Geschlechter an. Mit berechnender Naivität und einer unbekümmerten Wegwerf-Einstellung, was ihre Musik angeht, zeigten sie sich ihrem Publikum auf der einen Seite gleichgültig, auf der anderen sagten sie doch immer höflich »danke«.
DJ Bob Wooler, September 1961

Die ersten Schritte

Am 9. November 1961 beschloß Brian Epstein, Besitzer des größten Plattenladens von Liverpool, NEMS [North End Music Stores], sich vor Ort anzusehen, was es mit den Beatles auf sich hatte. Er hatte bereits viel von ihnen gehört und im ›Mersey Beat‹ gelesen. Die in Deutschland aufgenommene Single ›My Bonnie‹ wurde immer wieder nachgefragt.

In der Mittagspause ging er die wenigen Schritte von seinem Plattenladen in Whitechapel in die Matthew Street, stieg dort die Stufen in den düsteren ›Cavern‹ hinab: »Ich bereute meinen Entschluss sofort!« stellte er, abgestoßen von dem feuchten, muffigen Club und der drangvollen Enge darin, fest. Doch dann traten die Beatles auf, und Brian war fasziniert von ihrer persönlichen Ausstrahlung. Der wohlerzogene und behütet aufgewachsene junge – und homosexuelle – Geschäftsmann fühlte sich von den wilden, ungehobelten, ledergekleideten Jungs, die alles verkörperten, was er sich nicht zu sein getraute, angezogen.

Nach dem Auftritt ging er in ihre Garderobe und erkundigte sich nach der Platte ›My Bonnie‹. Doch auch anschließend gingen ihm die Jungs und ihr Auftritt nicht aus dem Kopf. Am 3. Dezember 1961 bat Brian die Beatles in sein Büro, um ihnen einen Deal vorzuschlagen: Er wollte ihr Manager sein! Eine Woche später machten John, Paul, George, Pete und Brian den Handel perfekt, am 24. Januar 1962 wurde der Vertrag unterschrieben – von allen außer Brian. »Mein Wort genügt! Ich habe mich an diese Verpflichtung gehalten.«

Keiner der Vertragspartner hatte auch nur die geringste Ahnung, was ein solcher Vertrag beinhalten müsste, hatte jemals ei-

---

Sie waren nicht gepflegt und nicht sehr sauber. Sie rauchten beim Spielen, aßen, redeten dabei und taten, als prügelten sie sich, wandten dem Publikum den Rücken zu, riefen einzelnen Leuten etwas zu und lachten ständig über ihre eigenen Witze. Aber ganz offensichtlich herrschte eine gewaltige Erregung. Sie besaßen eine starke persönliche Ausstrahlung.
Brian Epstein über seinen ersten Eindruck der Beatles

16 Brian Epstein

nen solchen gesehen. Brian, der zwar Platten verkaufte, von der produzierenden Seite des Geschäftes aber wenig wusste, suchte Hilfe bei einem befreundeten Rechtsanwalt. Der Vertrag garantierte Brian 10% der Einnahmen bis zu einem Betrag von 1500 Pfund und 15% bei allem, was darüber lag. 1963 wurde Brians Kommission auf 25% erhöht.

Zuerst einmal ging Brian daran, das Image der Beatles zu verändern. Schicke Mohair-Anzüge statt der abgewetzten schmierigen Lederklamotten, kein Rauchen, Saufen und Fluchen auf der Bühne, vom ›Mersey Beat‹ ließ er sich all die kompromittierenden Fotos der Beatles in Hamburg zurückgeben, die beispielsweise John Zeitung lesend auf dem Klo zeigten. John hatte schwer daran zu schlucken! Immer hatte er rebelliert, hatte sich gegen das Establishment aufgelehnt, er fühlte sich als Rocker und als Rebell – und jetzt sollte er einen Anzug tragen und sich benehmen!

Andererseits machte ihm der elegante, wohl artikulierende, sechs Jahre ältere Brian Eindruck. Er war ein Erfolgsmensch, das sah man ihm an, sein NEMS-Geschäft hatte voll eingeschlagen und er wusste, wie man sich in der Geschäftswelt zu benehmen hatte. Wenn er den gebildeten, feinsinnigen Brian mit seinem Hang zu Kunst und Schauspielerei mit den ›Managern‹ verglich, die er zuvor kennen gelernt hatte, dann war dieser doch eine andere Liga: Brian hatte Geld, leitete einen Laden und fuhr ein cooles Auto, ei-

Brian Samuel Epstein, der älteste von den zwei Söhnen eines wohlhabenden jüdischen Kaufmannes in Liverpool, wurde am 19. September 1934 geboren. Brian war ein sensibler Mensch mit Hang zur Kunst, gerne wäre er selbst Schauspieler geworden. Er war ein Außenseiter, da er nicht, wie andere Jungs, gerne raufte oder den Sport liebte. Nach mehreren unerfreulichen Schul- und Collegejahren, einem Aufenthalt im Royal Army Service Corps und an der arrivierten Londoner Schauspielschule RADA (Royal Academy of Dramatic Arts), entschloss Brian sich mit 23 Jahren, doch in das Familiengeschäft einzusteigen. Er übernahm die neu eröff-

nen Zodiac. Und doch – trotz reinstem Oxford-Englisch und schickem Anzug spürte und verstand Brian genau, was die Beatles und ihre Musik verkörperten. Ihr Sound berührte ihn.

Darüber hinaus wollte John eines, an die Spitze! Wenn die Beatles sich einmal müde, ausgelaugt und entmutigt fühlten, munterte John sie mit folgendem Slogan auf: »Jungs, wo wollen wir hin?« und die anderen brüllten die Antwort: »*to the toppermost of the poppermost!*«. Doch bisher war vom Erfolg noch nicht viel zu sehen. Brian sah so aus, als sei er der Typ, der sie an die Spitze bringen könnte. Also folgerte er: »Ich würde einen verdammten Ballon tragen, wenn jemand mich dafür bezahlen würde. Sooo sehr liebe ich Leder nun auch wieder nicht.«

Brian wiederum war von John fasziniert, er war männlich und aggressiv, witzig und grausam – diese gewalttätige Mischung, die auch Frauen immer wieder so sehr in seinen Bann schlug – und Brian fühlte sich unwiderstehlich angezogen.

Schon vor der offiziellen Vertragsunterzeichnung engagierte Brian sich mit vollem Elan und schaffte es, einen Vorspieltermin mit der Plattenfirma Decca in London zu vereinbaren. Decca war zu der Zeit aktiv auf der Suche nach neuen britischen Talenten, um ihre Pop-Abteilung auszubauen. Nach dem Vorspiel am Neujahrstag 1962 zeigten sie sich auch interessiert, entschieden sich aber letztendlich doch für eine Londoner Band: Brian Poole und die Tremeloes.

Auch in die Verhandlungen für das nächste Hamburg-Engagement der Beatles klinkte Brian sich ein, schraubte den Preis gewaltig nach oben und buchte die Beatles als Vorgruppe für berühmte amerikanische Rock'n'Roller wie Little Richard und Gene Vincent. Das ›Top Ten‹ konnte sich die Beatles daraufhin nicht mehr leisten, und so ging der Zuschlag an Manfred Weisleders neuen ›Star Club‹, der in den 60er Jahren noch Berühmtheit erlangen sollte.

---

nete Schallplattenabteilung im Haushalts- und Elektrokauthaus seines Vaters. Unter seiner Führung entwickelte diese sich schnell und erfolgreich, so dass ein eigenständiger Laden in Whitechapel eröffnet wurde. Mit großem Interesse verfolgte Brian auch die lokale Musikszene, schrieb selbst Kolumnen für den ›Mersey Beat‹.

Als die Beatles am 11. April 1962 zum dritten Mal nach Hamburg gingen – und zum ersten Mal flogen! – empfing Astrid sie am Flughafen mit einer schrecklichen Nachricht: Stuart war am Vortag an einem Hirntumor gestorben! Wie schon zuvor konnte John mit dem Schock überhaupt nicht umgehen, brach in hysterisches Gelächter aus und konnte sich nicht mehr beruhigen.

In der Zwischenzeit hatte Brian eine weitere Audition arrangiert, diesmal bei Parlophone, einer Tochtergesellschaft des EMI-Konzerns. George Martin, dem Klassik- und Comedy-Produzenten der Firma, war ein Tonband der Band in die Hände gekommen, und er war interessiert. Am 6. Juni 1962 trafen die vier im Londoner Abbey-Road-Studio Nummer 3 ein.

George Martin, ein Gentleman und ganz bestimmt kein Mann überschwänglicher Worte und großer Übertreibungen, stellte fest: »Es war Liebe auf den ersten Blick! Das mag sich übertrieben anhören, Tatsache aber ist, dass wir sofort einen Draht zueinander hatten. (…) Das Beeindruckendste waren ihre einnehmenden Persönlichkeiten. Es war einfach großartig, mit ihnen zusammen zu sein.«

Eine erstaunliche Äußerung, die Beatles waren ungehobelte Arbeiterkinder mit dickem Liverpooler Slang, George Martin dagegen ein Sohn aus gutem Hause mit hervorragender Erziehung und bester Aussprache – alles Faktoren, die im klassebewussten England eine durchaus wichtige Rolle spielten. Aber George Martin hatte Humor, und die Tatsache, dass er mit den von den Beatles und besonders von John so verehrten Goons, Peter Sel-

17 George Martin mit Paul, George und John – von Brian Epstein in ein neues Outfit gebracht

George Martin wurde 1926 in London geboren. In einer Klosterschule erzogen, gewann er mit elf Jahren ein Stipendium für das Jesuiten-Gymnasium ›St. Ignatius College‹ in Stamford Hill, London. Der Chopin-Liebhaber brachte sich selbst Klavierspielen bei. Mit 15 Jahren bekam er Unterricht. Mit 17 trat er der Luftwaffe bei, mit

lers und Spike Milligans gearbeitet hatte, ließ ihn in Johns Achtung gleich ungemein steigen.

Es gab nur einen Kritikpunkt, den George Martin Brian gleich erläuterte, er war mit Petes Schlagzeugspiel nicht zufrieden. Die Botschaft war klar: Wenn ihr etwas werden wollt, dann nur mit einem anderen Drummer!

Ohne es zu wissen, berührte er damit einen Punkt, der bei den dreien schon länger ein Thema war, es gab Differenzen zwischen ihnen und Pete, sie fanden, dass sein Engagement in der Band oft zu wünschen übrig ließ, sie auch charakterlich nicht wirklich voll auf einer Wellenlänge lagen. Darüber hinaus waren sie ein bisschen eifersüchtig auf seine große Beliebtheit.

George Martin entschloss sich, es auf einen Versuch mit der jungen Band ankommen zu lassen und bot ihnen einen kleinen Vertrag mit sehr harten Bedingungen an: Zuerst einmal würde er ein Jahr laufen, in diesem Zeitraum würde George Martin mit ihnen vier Titel aufnehmen. Dafür würden die fünf, Brian und die Beatles, einen Penny (!) pro Single (mit zwei Songs, einer auf der Vorder-, ein weiterer auf der Rückseite) erhalten. »Eine wahrhaftig großartige Summe«, spottete selbst George Martin.

Die ersten Aufnahmen waren für den 11. September 1962 festgesetzt worden. Davor oblag Brian noch eine sehr unangenehme Aufgabe: Er musste Pete davon unterrichten, dass die Jungs ihn nicht mehr in der Band haben wollten. Einen neuen Mann hatten sie bereits: Ringo Starr, den ehemaligen Drummer von Rory Storm. Pete war wie vor den Kopf geschlagen – nach zwei Jahren warfen sie ihn einfach raus! Die Fans waren ähnlich schockiert – und tobten. Sie belagerten das NEMS-Büro und den ›Cavern‹ mit Protestplakaten und Sprechchören, »Pete forever – Ringo never!« und gingen aufeinander los.

Doch Ringo war damit in der Band. Obwohl auch er aus Liverpool stammte, hatten die Beatles den souveränen und doch witzi-

21 erhielt er an der Guildhall School of Music eine Ausbildung in klassischer Musik, sein Instrument war die Oboe. George Martin arbeitete zuerst in der BBC Musikbücherei, ab 1950 als Assistent des Leiters des EMI-Labels Parlophone. 1955 wurde George Martin Chef von Parlophone. Doch er empfand einen rein verwaltenden Geschäftsführerposten als unbefriedigend, suchte stetig nach neuen Talenten und leitete selbst Aufnahmen. Er nahm Klassik-, Jazz- und vorwiegend Comedy-Platten auf. Zu seinen Künstlern gehörten Peter Sellers, die Goons, Peter Ustinov, Stan Getz, Matt Munro und Sophia Loren.

gen 22-Jährigen erst in Hamburg richtig kennen gelernt. Während die Beatles im ›Indra‹ und im ›Kaiserkeller‹ spielten, trommelte er für den angesagten Rory Storm und seine Hurricanes im ›Top Ten‹.

Obwohl er mit der Musik schon gutes Geld verdiente, hatte er den atemberaubenden Erfolg der Beatles mit Staunen verfolgt, in kürzester Zeit waren diese zur beliebtesten Liverpooler Gruppe aufgestiegen, bei einer Umfrage des ›Mersey Beat‹ im Januar 1962 hatten sie den ersten Platz belegt (Rory Storm landete auf Platz 4).

Mitten in dieser aufregenden Zeit – endlich, endlich, so schien es, war der Erfolg greifbar – stellte Cynthia fest, dass sie schwanger war. Unter Tränen überbrachte sie John die Nachricht. »Sein Gesicht verlor alle Farbe, Furcht und Panik stieg in seinen Augen auf. Für eine endlos erscheinende Zeit war er sprachlos (…): ›Da gibt es nur eines, Cyn, wir müssen heiraten.‹« Noch nie zuvor war von Heirat die Rede gewesen, »alles, was wir wollten, war zusammen zu sein. Und auch wenn ich wusste, dass keiner von uns beiden für eine Ehe bereit war, geschweige denn für ein Baby, war ich sehr erleichtert«, atmete Cynthia auf. Diese Nachricht jetzt allerdings Mimi beizubringen, schien John fast am meisten zu fürchten. Erst einen Tag vor der Hochzeit, am 23. August 1962, sagte er zu ihr: »Cyn erwartet ein Baby. Wir heiraten morgen. Willst du dabei sein?«

Sie wollte nicht, und so war keiner der Eltern bei der kurzen, schnellen standesamtlichen Trauung der beiden dabei – Cynthias Vater war bereits tot, ihre Mutter an dem Tag schon wieder in Kanada, wo sie zu der Zeit lebte. Nur Cynthias Bruder Tony kam mit seiner Frau. Außerdem begleiteten Paul, George und Brian Epstein

18   Ringo Anfang der 60er Jahre

Ringo Starr (mit bürgerlichem Namen Richard Starkey) wurde am 7. Juli 1940 als einzges Kind seiner Mutter Elsie geboren. Sie arbeitete als Kellnerin, sein Vater in einer Bäckerei. Nach der Trennung der Eltern wuchs Richard bei seiner Mutter auf. Während seiner Schulzeit verbrachte er lange Perioden – bis zu zwei Jahren am Stück – im Krankenhaus. Und weil er in der Schule nicht mehr mitkam, schwänzte er auch weiterhin, so dass er die Schule kaum jemals von innen gesehen hat. Er jobbte als Botenjunge bei British Rail, kellnerte anschließend auf einem Schiff, jobbte bei einem Schreiner und begann schließlich eine Schlosserlehre. Nebenher grün-

das Paar. Von Romantik keine Spur. Anschließend lud Brian die Hochzeitsgesellschaft in eine Snackbar ein – das war's! Cynthia ging nach Hause und John auf die Bühne.

Offiziell wurde von der Hochzeit nichts verkündet – John hatte zu viele weibliche Fans, und Brian spürte damals schon richtig, dass ihre Zuneigung zu der Band und ihrer Musik empfindlich nachlassen könnte, wenn sie erfuhren, dass einer von ihnen schon vergeben war.

Denn die Gefolgschaft in Liverpool war treu und vereinnahmend. Was später als Beatlemania um die Welt gehen sollte, hatte dort bereits in derselben Heftigkeit seinen Anfang genommen: Kreischende Mädchen, die hysterisch wurden, sobald einer der Jungs auftauchte, Mädchen, die an der Haustür auftauchten, nur um einen von ihnen zu sehen, Autogramme, Küsse, Verfolgung… So war es auch in Cynthias Interesse, die Heirat fürs Erste geheim zu halten, um sich vor Attacken von rabiaten Fans zu schützen.

Anfang September 1962 fanden die ersten Aufnahmen der Beatles mit George Martin im EMI Studio 2 in der Abbey Road im Londoner Stadtteil St. John's Wood statt.

Von Anfang an bemühte George Martin sich darum, die Zusammenarbeit mit den Jungs auf eine freundliche Basis zu stellen. Und John akzeptierte George Martin als Gegenüber sofort. Wenn er einer Person mit echter Autorität gegenüberstand, beeindruckte ihn das, und er erkannte diese ohne Schwierigkeiten an. Schlicht und einfach, George Martin war in seiner Integrität und Ehrenhaftigkeit ein Mann, den er bewunderte – nie hat er sich ihm gegenüber,

> **George Martin:** Das habt ihr gerade gemacht. Hört es euch gut an und sagt mir, wenn es etwas gibt, was euch nicht gefällt.
> **George Harrison:** Also fürs Erste gefällt mir Ihre Krawatte nicht!
>
> *Nach der ersten Aufnahmesitzung im Kontrollraum des Aufnahmestudios*

dete er eine Skiffle-Band und trommelte anschließend für Rory Storm. Als Rory ein festes Engagement in dem englischen Feriencamp Butlin's bekam, kündigte Richard seine Arbeitsstelle. Er legte sich einen Künstlernamen zu: Er trug gerne dicke, klobige Ringe, und er liebte coole Western, ›Scharfschütze Jimmy Ringo‹, zählte zu seinen Lieblingsfilmen. Und Starr wiederum war ein witziges, zweideutiges Wortspiel, zum einen eine Abkürzung seines Namens, zum anderen Ausdruck der Hoffnung, ein Star zu werden – doch nicht zu offensichtlich und platt, und aus diesem Grund mit zwei ›r‹. Ringo Starr war geboren.

19 John und Cynthia Lennon

wie so vielen anderen, deren Schwächen er nur zu schnell herausspürte, Beleidigungen oder Unverschämtheiten herausgenommen, ihn grob und gemein verletzt. Ebenso wenig übrigens wie seine Bandkollegen.

Am 4. Oktober 1962 wurde ›Love Me Do‹ veröffentlicht. Damals war es ein großes Wagnis, eine Eigenkomposition von einer jungen, völlig unbekannten Band herauszubringen. Normalerweise wurde entweder eine Coverversion eingespielt oder von einem ›Profi‹ für diesen Anlass etwas geschrieben. Die Plattenfirma EMI war bei Veröffentlichung und Promotion keine große Hilfe. »Sie waren zu sehr damit beschäftigt zu lachen«, stellte George Martin mit Verbitterung fest. Die große Plattenfirma betrachtete die kleine Parlophone-Tochter mit ihren humorvollen Platten als eine Skurrilität, die man nicht weiter ernst nehmen musste. Und jetzt hatte der dortige Chef auch noch eine Beatband aus Liverpool, aus der Provinz, unter Vertrag genommen…

Dank der getreuen Gefolgschaft aus Liverpool und Brian Epsteins unermüdlicher Umtriebigkeit, die ihnen auch ihren ersten Fernsehauftritt im nordenglischen Regionalprogamm verschaffte, gelangte die Platte bis auf Platz 17 in den Charts. »Als ich das erste Mal ›Love Me Do‹ im Radio hörte, lief mir ein Schauer über den Rücken«, erinnert sich George Harrison.

Es berührte mich peinlich, als Verheirateter herumzulaufen. Es war, als ginge man mit zwei verschiedenen Socken und offenem Hosenschlitz herum.
John zu seiner ersten Heirat

Zwei Mal noch, für jeweils zwei Wochen, traten die Beatles im November und Dezember 1962 im ›Star Club‹ auf. Einer ihrer letzten Auftritte wurde mit einem Kassettenrekorder aufgenommen und 15 Jahre später unter dem Titel ›The Beatles Live! At The Star Club In Hamburg, Germany, 1962‹ als Doppelalbum veröffentlicht.

Am 26. November 1962 nahmen sie eine weitere Single auf, abermals eine Eigenkomposition mit dem Titel ›Please Please Me‹. Zuvor hatte George Martin ihnen einen anderen Song empfohlen, ›How Do You Do It‹, in seinen Augen eine perfekte Nummer eins. Doch die Beatles wollten nicht. Sie zogen einen Song vor, den sie selbst geschrieben hatten. George Martin streikte. Einmal hatte er es mit einem ihrer Songs probiert, und es hatte nicht funktioniert, jetzt wollte er auf Nummer sicher gehen. Also sang John ›How Do You Do It‹, bestand aber darauf, dass Martin sich ihren Song wenigstens einmal anhörte. Dies tat er denn auch: »Es war großartig!«

Am selben Nachmittag nahmen die Beatles ›Please Please Me‹ auf. Als sie fertig waren, drückte George Martin auf den Knopf, der den Kontroll- mit dem Aufnahmeraum verband und sagte, »Gentlemen, ihr habt soeben eine Nummer-eins-Platte aufgenommen!« Er sollte Recht behalten.

›Please Please Me‹ wurde am 11. Januar 1963 veröffentlicht. Einen Monat später stand sie an der Spitze der Charts. Und die nächsten vier Jahre sollte das so bleiben!

Ohne George Martin wären die Beatles wahrscheinlich nie geworden, was sie wurden. Hätte er ihnen die Songs vorgeschrieben, wäre er eingefahrenen Wegen und etablierten Mustern gefolgt, hätte er Paul oder John zum Leader gemacht, sie wären eine Band unter vielen geblieben, ihr Potenzial wäre nie zum Tragen gekommen. Sicherlich ist es daher keine Übertreibung, George Martin als den fünften Beatle zu bezeichnen.

Der exzellent ausgebildete Musiker spürte das Potenzial, das in ihnen steckte, und war sensibel und offen genug zu erkennen, dass

George Martin und Brian Epstein setzten ihre erfolgreiche Zusammenarbeit auch mit anderen Bands fort. Tatsächlich nahm Epstein nahezu jede relevante Band in Liverpool unter Vertrag, George Martin produzierte sie – und so landeten sie einen Hit nach dem anderen. Von den 52 Wochen des Jahres 1963 stand in 37 Wochen eine Gemeinschaftsproduktion von Brian Epstein und George Martin an der Spitze der Charts. So wurde auch der oben genannte, von den Beatles abgelehnte Song ›How Do You Do It‹ eine Nummer eins, nämlich im März 1963 für die Liverpooler Band Gerry and the Pacemakers, die in der Gunst des Publikums nach den Beatles kam.

die vier etwas Besonderes hatten. George Martin wusste, was er wollte, war aber auch souverän und offen genug für Vorschläge, auch wenn sie von vier Liverpooler Provinzkids kamen, die noch nicht einmal Noten lesen konnten. George Martins Respekt vor anderen Menschen flößte diesen wiederum Respekt vor ihm ein.

Im Februar 1963 machten die Beatles im Vorprogramm von Helen Shapiro ihre erste Tournee durch ihr Heimatland. Außer in Liverpool und Umgebung sowie in Hamburg hatten sie bisher noch nirgendwo gespielt. »Eine Erlösung«, fand John Lennon. »Allein das Gefühl, aus Liverpool herauszukommen und Neuland zu erobern!«

Am 22. März 1963 wurde das Debütalbum mit dem Titel ›Please Please Me‹ veröffentlicht – auch dieses stürmte auf den ersten Platz der Charts! Und sofort schickte der Veranstalter die Band im März 1963 erneut los.

Am Montag, den 8. April 1963 wurde Johns und Cynthias Sohn Julian Lennon im Sefton General Hospital geboren. Zwei einschneidende Erlebnisse ereigneten sich für John damit genau zur gleichen Zeit: Der Traum von der Musikkarriere wurde aufs Abenteuerlichste und Unglaublichste wahr, gleichzeitig hatte er geheiratet, wurde Vater, kam sein Sohn, sein erstes Kind, neues Leben zur Welt.

Als John Cynthia – erst einige Tage später – im Krankenhaus besuchte, musste er sich verkleiden, um nicht erkannt zu werden. Er war unglaublich aufgeregt und schäumte über vor Begeisterung, »war voller Stolz und Emotionen«. Und dennoch teilte er seiner Frau gleich bei diesem, seinem ersten Besuch mit, dass er mit Brian einen Urlaub in Spanien machen würde.

Zu dem Zeitpunkt lag die britische Musikszene ebenso wie die amerikanische darnieder. Seit Ende der fünfziger Jahre war der Rock 'n' Roll im Elvis war in der Armee, Chuck Berry im Knast, Eddie Cochran und Buddy Holly tödlich verunglückt, Little Richard und Jerry Lee Lewis als Prediger zur Kirche übergewechselt. Die elektrisierende Aufbruchsstimmung des Rock'n'Roll war Ernüchterung und Enttäuschung gewichen. Die Schnulzensänger hatten wieder die Oberhand bekommen, Perry Como (›Magic Moments‹) und Connie Francis, Elvis hatte sich auf sentimentale Lovesongs wie ›It's Now Or Never‹ oder ›Are You Lonesome Tonight‹ verlegt (1961). Der brav gescheitelte Lieblingsschwiegersohn Cliff Richard beherrschte Anfang der 1960er Jahre neben Elvis die britischen Charts. In die erstarrte Szene explodierten die Beatles mit einer unverkrampften Frische und guten Laune, die ansteckte.

Unbestritten ist, dass Brian sich zu John hingezogen fühlte und dass John Brian sehr schätzte und mochte. Wieder war dieser einer der zarten, weiblichen und empfindsamen Typen, zu denen John sich immer wieder hingezogen fühlte. Wie ein roter Faden zogen sie sich beständig durch sein Leben, jedes Mal verband ihn eine enge Freundschaft mit ihnen: Paul McCartney, Stuart Sutcliffe, sicherlich auch Cynthia Powell und jetzt Brian Epstein. Viel ist über diesen Urlaub und die Beziehung von John und Brian spekuliert worden, Tatsachen darüber sind aber nicht bekannt.

John schätzte die Sensiblen gerade wegen ihrer Empfindsamkeit, genauso aber erkannte er sie gnadenlos als Schwächere und machte sie zum Ziel grausamer Attacken. Auch Brian bekam da, wie Stuart und Cynthia, sein Fett ab.

Die einzige Ausnahme war Paul McCartney, der ihn im musikalischen Wettstreit immer wieder herausforderte. »Einen Idioten hätte er nicht ertragen«, sah auch McCartney ganz klar. »Wenn er nur irgendeine Möglichkeit gesehen hätte, hätte er mich rausgeboxt. (…) Aber ich war sein wichtigster Partner.«

Doch die Beatles griffen nicht nur auf altes Material zurück, als Songwriter arbeiteten John und Paul ständig an sich. Viele ihrer ersten Songs wurden auf den Tourneen geschrieben, so auch die dritte Single ›From Me To You‹ im Tourbus auf dem Weg von York nach Shrewsbury während der Tournee mit Helen Shapiro.

Please Please Me

An einem einzigen (!) Tag, Montag, den 11. Februar 1963, spielten die Beatles die vierzehn Songs ihrer ersten Platte ein. »Alles, was wir taten, war die ›Cavern‹-Auftritte in der Ruhe des Studios zu reproduzieren«, erklärte George Martin zu den Aufnahmen der acht Eigenkompositionen und sechs Coversongs. Um zehn Uhr morgens begannen die Aufnahmen. Vor dem letzten Song, 13 Stunden später, legten sie eine Pause ein. Dann hieß es ein letztes Mal ›Go!‹, und John riß eine Version des Songs ›Twist and Shout‹ herunter, deren Rauheit man anhört, daß seine Stimme bereits dreizehn Stunden Gesang hinter sich hatte! »Ich wußte, die Nummer mußte beim ersten Mal im Kasten sein«, erinnert sich George Martin. »Ein zweites Mal würde es nie mehr klappen.« Und es funktionierte.

›She Loves You‹ entstand am 26. Juni 1963 in Johns und Pauls gemeinsamen Zimmer im Turk's Hotel in Newcastle. Wenige Stunden vor der Show saßen sie einander auf den Betten gegenüber, »lass uns eine rauchen und ein Lied schreiben.« Und genau das taten sie. »Eine unerschöpfliche Quelle von Songs schien zu existieren«, staunte sogar George Martin.

Nach dem Spanienurlaub wurde Julian John Charles registriert – Brian wurde Taufpate – und gleich anschließend verschwand der Vater auf die nächste Tour, im Vorprogramm von Roy Orbison. Zum ersten Mal lösten sie auf dieser Tour Tumulte aus; wo immer sie hingingen, folgten ihnen Menschenmengen. Cynthia blieb zu Hause und kämpfte mit einem Kind, das ohne Pause durchschrie. John war froh, diese frühen Phasen der Vaterschaft nicht mitzuerleben. Allzu viel Einfühlungsvermögen und Interesse an seinem Sohn bewies er in dieser Zeit nicht: Er verließ das Zimmer, wenn Cynthia die Windeln wechselte, »und wenn er Nacht für Nacht das Geschrei hätte mitmachen müssen, ich bin sicher, er hätte das Haus verlassen«, folgerte seine Frau.

Da sie in Zukunft immer häufiger in London sein würden, nahmen die Beatles im Sommer 1963 dort gemeinsam eine Wohnung in der Green Street in Mayfair und genossen die aufregende Zeit in der großen Stadt. »Es war wirklich eine tolle Zeit. Es war, was die Berühmtheit anging, sogar die beste Phase, weil wir noch nicht von diesen Massen von Fans verfolgt wurden«, erinnerte sich John. »Wir waren mit den Stones unheimlich gut befreundet … ich war viel mit Brian (Jones) und Mick (Jagger) zusammen … Ich mochte sie gleich beim ersten Mal, als ich sie sah, im ›Richmond Club‹, wo sie immer herumhingen. (…) wir gondelten lustig mit unseren Autos durch London und besuchten uns gegenseitig und quatschten mit Eric Burdon und den Animals über Musik und so.«

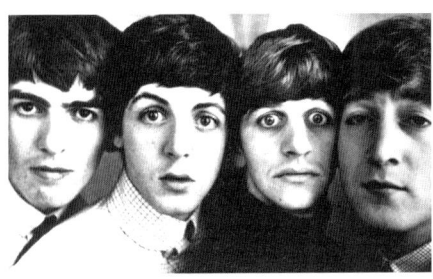

George, Paul   Ringo , John

Yeah Yeah Yeah

Am 1. Juli 1963 nahmen sie ›She Loves You‹ auf – zum ersten Mal formulierten sie darin die drei Worte, die ihr Schlachtruf werden sollten: ›Yeah, Yeah, Yeah!‹ Am 23. August 1963 erschien die Single, am selben Tag traten sie zum letzten Mal im ›Cavern‹ auf. Somit ein wahrhaft historisches Datum – sie ließen die alte Welt Liverpools und des ›Cavern‹ hinter sich und betraten die neue der Erfolge und der weltweiten Eroberung. Die Single setzte dieses Zeichen deutlich, denn sie schoss auf Anhieb auf den ersten Platz der Charts.

›She Loves You‹ ist, neben ›I Want To Hold Your Hand‹, wahrscheinlich der typischste frühe Beatles-Song überhaupt, einer, der die frühen sechziger Jahre perfekt verkörpert. Die beiden Songs sind wohl auch die perfektesten und reinsten Lennon/McCartney-Kompositionen. Beide sangen den Song gemeinsam, ihre Stimmen verschmolzen. Deutlich kam hier auch das hohe »Uuuuh« zum Einsatz, der hohe Ton, der die weiblichen Fans zur Ekstase trieb, vor allem wenn George und Paul dazu auf den Konzerten ihre Köpfe schüttelten.

Was bei ihren frühen Songs erstaunt, ist der weibliche Blickwinkel der Beatles-Songs – sicher einer der wesentlichsten Gründe für ihren umwerfenden Erfolg bei den weiblichen Fans.

In ›From Me To You‹ wird er ihr jeden Wunsch mit Liebe erfüllen, beim Gespräch unter Männnern (›She Loves You‹) dreht es sich nicht um die schärfere Freundin mit den größeren Brüsten und um die wesentliche Frage aller Männer, ›Wie kriege ich sie ins Bett‹, sondern im Gegenteil, der eine Freund ermahnt den anderen, dass seine Ex-Freundin, mit der er Krach hatte, wirklich

From Me To You
If there's anything that you want
Just call on me with love
                    from me to you
I got arms that long to hold you
I got lips that long to kiss you

Beatlemania

Im Sommer 1963 explodierte die Beatlemania mit einer Intensität und Heftigkeit, die jeden völlig unvorbereitet traf. »Es ist unmöglich, die Beatlesmanie zu übertreiben«, schreibt Biograph Hunter Davis. »Drei Jahre wurde unaufhörlich gekreischt und ›Yeah‹ geschrien. Eine endlose Folge hysterischer Teenager aus allen Schichten und von jeder Hautfarbe brüllte völlig außer sich drauflos. (…) Sie hatten Schaum vor dem Mund, brachen in Tränen aus und stürzten wie eine Hammelherde in Richtung Beatles oder fielen reihenweise in Ohnmacht.«

Die Beatles brachten eine Frische und Authenzität in ihrer Musik mit, die die zu Klischees erstarrten Schlager wegblies. Ihre Musik bedeutete keinen rauhen, wilden und provokativen Protest wie der Rock'n'Roll der Fünfziger, sondern einen gewitzten, frechen und selbstbewussten. Ihre viel unterschwelligere Sexualität berührte junge Mädchen oft mehr und auf eine andere Art und Weise als die direkte unverhüllte Anmache eines Elvis Presley. Darüber hinaus konnten sich die Mädchen aus der Gruppe ihren Liebling heraussuchen.

Auf den ersten Blick mochten die Beatles in ihren Anzügen brav und angepasst wirken, auf den zweiten Blick hatten sie viel zu lange Haare, redeten in einem unmöglichen Liverpooler Akzent und waren darüber hinaus so frech und schlagfertig, dass den Altvorderen die Spucke wegblieb.

Der vorgeschriebenen Uniformität trugen die Beatles vordergründig – durch ihre Anzüge – Rechnung, nur um dem gesamten Establishment hinterrücks die Zunge herauszustrecken.

Sie eckten nicht auf Anhieb an, hatten Charme und, wenn es drauf ankam, auch Manieren, doch entpuppten sie sich mit ihrem scharfen Humor und ihrer unkonventionellen Sicht der Dinge schnell als Kuckuckseier.

Von Anfang an veränderten die Beatles und ihr neuer Sound die Musikszene in England fundamental: Hatten zuvor amerikanische Sänger und Sängerinnen die Charts beherrscht, waren diese in den Jahren 1963 und 1964 zum ersten Mal überwiegend von britischen Künstlern besetzt.

Die Presse allerdings registrierte diese neue Entwicklung anfangs nicht. Am 13. Oktober 1963 aber wurde dann für das ganze Land offensichtlich, was sich den ganzen Sommer über schon angekündigt hatte: Die Beatles

traten im Londoner ›Palladium‹ auf, in einer Show, die im Fernsehen übertragen wurde, und so konnten 15 Millionen Zuschauer die tobenden Fans mitverfolgen, die ihre Stars kreischend empfingen, sobald sie auf der Bühne erschienen. Die Polizei war von dem Ansturm völlig überfordert, Fernsehteams nahmen die spektakulären Szenen auf, am nächsten Tag widmeten fast alle Zeitungen den unglaublichen Ereignissen große Berichte.

22 Fans bei einem Konzert am 20.11.1963 in Manchester

die Beste ist und dass sie ihn liebt. Er fordert ihn auf, den ersten Schritt zur Versöhnung zu machen (»*You know it's up to you, I think it's only fair ... apologize to her*«), macht ihm deutlich, dass sie eine tolle Frau ist (»*With a love like that you know that should be glad*«). Der Song ›I Want To Hold Your Hand‹ ist von so unbekümmerter Frische und Unschuld (er will nur ihre Hand halten), dass er keinem Mädchen Angst einjagt. Darüber hinaus strahlt er, wie die meisten frühen Beatles-Songs, eine große Frische und Lebendigkeit aus: Wenn man sich an der Hand hält, kann man alles machen, rennen, springen, gemeinsam durchs Leben gehen.

Die »Beatles Autumn Tour« begann im November 1963 und dauerte bis zum 14. Dezember, kurz unterbrochen von den Aufnahmen zu ›I Want To Hold Your Hand‹. Die Szenen, die sich dabei abspielten, überstiegen sämtliche ihrer Vorstellungen: Mit Wasserwerfern musste die Polizei Jugendliche vor einem Konzertsaal im Zaum halten, und als die Beatles ein Konzert wegen eines Grippeanfalls von Paul ausfallen lassen mussten, brachten die Radiosender stündliche Bulletins über seinen Gesundheitszustand.

Während für ihren Mann die abenteuerlichsten Jahre seines Lebens begannen, saß Cynthia Lennon allein zu Hause und versorgte den gemeinsamen Sohn. Als Julian sechs Monate alt war, zog sie mit ihm zu ihrer Mutter. Im Oktober 1963 reisten John und Cynthia zu einer verspäteten Hochzeitsreise nach Paris, residierten eine Woche lang im ›George V‹, dem teuersten Hotel der Stadt. Auf dieser Reise bekam auch die Presse Wind von der Ehe, und John war gezwungen, sich öffentlich dazu zu bekennen. Nach ihrer Rückkehr zog auch Cynthia nach London um. Doch schon bald war die Wohnung der Lennons in Emperor's Gate off Cromwell Road in Kensington

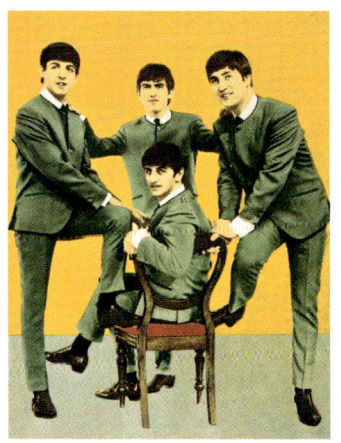

23 Kragenlose Jacken, Hemd, Krawatte, Pilzkopf und Beatles Boots: Die »Fab Four«, 1963 (v. l.: Paul, George und John, sitzend Ringo)

Das Autoradio spielte ›I Want To Hold Your Hand‹. Da hörte ich die Beatles zum ersten Mal. Mir verschlug es den Atem. Was für eine seltsame Musik! Es warf mich einfach um. Keine Melodie hatte mich jemals so gepackt.
Eine 15-jährige Amerikanerin

der konstanten Belagerung begeisterter Fans ausgesetzt.

Dennoch genossen sie das schicke aufregende Leben in London, bewegten sich unter den Reichen und Berühmten wie auch in der lebendigen Londoner Musik- und Kunstszene.

Noch nie zuvor hatte eine Band anderer Nationalität von außen den amerikanischen Markt erobert. Schließlich waren die USA die Geburtsstätte des Rock'n' Roll und damit der Popmusik überhaupt. Lennon, immer ein Freund markiger Sprüche, hatte großspurig von sich gegeben: »Wir gehen nur nach Amerika, wenn wir dort Nummer eins sind.« Zum Zeitpunkt seines Ausspruches eine völlige Utopie. Nicht einmal der in England äußerst beliebte Cliff Richard hatte das geschafft. Doch als die Songs der Beatles Amerika erreichten, erzielten sie die gleiche Reaktion wie zuvor in England. Ohne einen Fuß in das Land gesetzt zu haben, ohne auch nur ein Minimum an Promotion gemacht zu haben, war ›I Want To Hold Your Hand‹ auf den ersten Platz der amerikanischen Charts geklettert! Die amerikanische Presse überschlug sich aufgrund dieses unerwarteten Erfolges, eine großangelegte Werbekampagne verkündete auf Plakaten im ganzen Land: »Die Beatles kommen!«

Und am 8. Februar 1964 waren sie dann da! Auf dem Flug noch waren sie voller Unsicherheit und Zweifel gewesen. Als sie am New Yorker JFK-Airport ankamen, zerschrien Tausende von Fans mit Plakaten und Bannern und der Hymne »We Love You Beatles, oh yes we do« jegliche Bedenken. Amerika war im Beatles-Taumel, heftiger, schriller, grenzenloser, als Europa es je gewesen war.

Die Zeit wurde von den Radiosendern in »Beatles-Zeit« angegeben, die Temperatur in »Beatles-Grad«. Das exklusive ›Plaza Hotel‹

Für unsere nächste Nummer [›Twist and Shout‹] bitte ich um Ihre Mithilfe. Ich bitte die Damen und Herren auf den billigen Plätzen mitzuklatschen, die anderen brauchen nur mit dem Schmuck zu klimpern.
John Lennon am 4. November 1963 bei einer exklusiven Wohltätigkeitsveranstaltung, bei der auch die Königinmutter und Prinzessin Margaret anwesend waren

im Herzen der Stadt blieb während des gesamten Aufenthaltes der vier von Fans umlagert, die mit allen Tricks versuchten, sich einzuschleichen, als Zimmermädchen, Kellner, im Wäschesack …

Brian Epsteins unermüdlichem Betreiben war es zu verdanken, dass die Beatles im Februar 1964 zwei Auftritte in der größten Fernsehshow des Landes hatten, der ›Ed Sullivan Show‹. 73 Millionen Amerikaner sahen zu, das heißt jeder dritte US-Amerikaner sah einen der beiden Auftritte. In mehreren groß angelegten Pressekonferenzen stellten die Beatles ihre Schlagfertigkeit unter Beweis, dazu gaben sie zwei Konzerte vor jeweils 6000 Zuschauern in der ›Carnegie Hall‹ und trafen den Champion-Boxer Cassius Clay, der erklärte, »Ich bin der Größte, aber ihr seid die Schönsten!«

1964 wurde das Jahr der Beatles. Die Hysterie überschlug sich. Merchandising in einem nie zuvor gekannten Ausmaß überrollte das Land, von und mit den Beatles bedruckt gab es *alles*! Bettwäsche und Unterhosen, Tapeten und Schmuck, Beatles-Perücken (von Schuhen und Jacken einmal ganz zu schweigen), Figuren … Poster, Bücher, Fanmagazine, Fotos, T-Shirts, Kappen … Auch in England weitete sich die Manie aus: Die Häuser ihrer Eltern wurden umlagert, ganze Busladungen von Fans stiegen davor ab und wollten möglichst einen Blick ins Schlafzimmer werfen. Ihre Schule bekam tonnenweise Briefe, bei Madame Tussaud's wurden Wachsfiguren aufgestellt. Sie drehten ihren ersten Film, ›A Hard

---

›With the Beatles‹

Am 22. November 1963 erschien das zweite Album ›With the Beatles‹ in England. Es war abermals nur an einem Tag, dem 15. Juli 1963, aufgenommen worden und irritierte die Kritiker in zweifacher Hinsicht: »Where is the fun?« fragten sie sich anlässlich des ernsten, fast düsteren Schwarzweiß-Covers und bezeichneten es als »schockierend humorlos«. Doch die Musik brachte der Popband die höheren Weihen. So schwärmte der Musikkritiker der London Times von den »Äolischen Kadenzen« in Lennons Song ›Not A Second Time‹, einer Akkordfolge, die auch Mahlers ›Lied der Erde‹ beendet.

Mit den Vorbestellungen für die zweite Langspielplatte »With the Beatles« überrundeten die Beatles Johns großes Idol Elvis. Und bald galten diese Erfolgszahlen nicht mehr nur in England, sondern überall auf der Welt. ›I Want To Hold Your Hand‹, am 19. Oktober aufgenommen und am 29. November veröffentlicht, öffnete ihnen die Türen in Amerika.

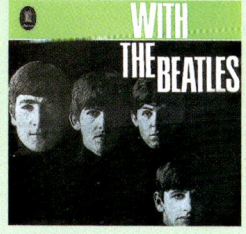

Day's Night‹ – eine pointierte, schnelle, witzige und musikalische
Beschreibung von 24 Stunden im Leben der Beatles.

Kein Popmusikfilm erreichte jemals mehr das Niveau und den
Erfolg von ›A Hard Day's Night‹, dennoch waren die Beatles, vor
allem John Lennon, nicht wirklich glücklich mit dem Resultat.

›A Hard Day's Night‹: Album und Film

Auf der Langspielplatte ›A Hard Day's Night‹ finden sich noch einige wunderschöne Liebeslieder – vielleicht sogar die schönsten, die John Lennon je
geschrieben hat, ›If I Fell‹, ›I'll Be Back‹, ›Anytime At All‹, aber es gibt auch
schon einen Song wie ›I'll Cry Instead‹, der das Thema der Zurückweisung
und des Gefühls der Unzulänglichkeit deutlich formuliert.

Am 2. März 1964 begannen die sechswöchigen Dreharbeiten zum ersten
Kinofilm der Beatles ›A Hard Day's‹ Night‹ (dt. ›Yeah Yeah Yeah‹). Der Liverpooler Drehbuchautor Alun Owen hatte die Beatles auf Tournee begleitet und zeigte deutlich und kritisch, und doch mit viel Witz und fast schon
Sarkasmus, wie das Leben der Beatles wirklich war. Pauls Filmopa fasste
das Tourleben der vier treffend zusammen: »… *and a room and a room.*« Proben, Auftritte, Fernsehshows, Zug- und Taxifahren, Hotelzimmer und Autogramme schreiben… Alun Owen hatte gut beobachtet, benutzte Originalzitate, sah als Außenstehender die Absurdität vieler Situationen und
brachte es gleichzeitig fertig, diese in das Lebensgefühl zu verpacken, das
die Beatles und ihre Songs auszeichnete: Lebendigkeit und Rebellion. Auf
den ersten Blick wirkten die vier Jungs brav und nett, wie freche Schuljungen nutzten sie jedoch jede sich bietende Möglichkeit, um in die Freiheit zu
entwischen. Keine Szene verkörpert das besser als die zu ›Can't Buy Me
Love‹: Vier Jungs entfliehen aus ihrem Hotelzimmer, in dem sie »Hausaufgaben« machen sollten (Autogramme schreiben und
Fanbriefe beantworten), in die Freiheit, blödeln wild
und unbeschwert und völlig albern auf einem Sportplatz herum (von Richard Lester in unnachahmlichen, einfallsreichen Perspektiven treffend umgesetzt), bis ein grimmiger Hausmeister sie knurrend in
ihre Schranken weist und verjagt. Welcher Teenager
hätte sich damit nicht identifizieren können? Und
wer wäre nicht von dieser unglaublichen Lebendigkeit und dem Zusammengehörigkeitsgefühl infiziert
worden?

Erst gegen Ende der Dreharbeiten erhielt der Film
seinen Titel, und zwar aufgrund eines spontanen Ausspruches von Ringo. Jetzt brauchte man nur noch
den entsprechenden Song dazu. John und Paul
schrieben ihn am selben Tag, zwei Tage später wurde
er aufgenommen. Am 6. Juli 1964 war die Premiere in
London, zu der auch Prinzessin Margaret erschien.

25 Während der Dreharbeiten zu
›A Hard Day's Night‹, 1964

Wahrscheinlich weil das, was er auf der Leinwand sah, nicht damit übereinstimmte, wie er sich zu dem Zeitpunkt sah und fühlte. »Wir waren ziemlich sauer über die Oberflächlichkeit der ganzen Geschichte (…) ich witzig, Ringo tumb und niedlich, George dies und Paul jenes. (…) Alun Owen hat eine Pressekonferenz miterlebt und sie dann im Film rekonstruiert. Er hat sie sogar ziemlich gut rekonstruiert, aber wir fanden die Szene trotzdem blöde. Sie war nicht realistisch genug.«

In den vergangenen anderthalb Jahren hatte er immer mehr festgestellt, dass der Inhalt des Lebens, das er sich erträumt und jetzt erreicht hatte, mit dem, wie es sich in der Realität darstellte, nicht übereinstimmte. Er hatte Musiker sein wollen, eigenständiger, anerkannter Künstler, und war ein Clown geworden, der die Rolle spielte und erfüllte, die andere in ihm sahen. Er wusste, dass er sich verkauft hatte, er wusste, dass er ein Spiel mitspielte, das ihm eigentlich zutiefst widerstrebte. Sieht man die offiziellen Fotos der vier in ihren kragenlosen Jacken und weißen Hemden, versteht man warum. Aus John, dem Rocker im schwarzen Leder-Outfit, war ein braver Familienvater geworden. Was er als Selbstverständlichkeit von seinem Leben angenommen und erwartet hatte, war nicht eingetreten, er war kein Rebell geblieben, er hatte sich angepasst, und er hatte damit seine Integrität und das Gefühl für sich verloren – vor allem vor sich selbst. Nur ein Jahr später sollte er in ›Help‹ deutlich formulieren, wie ihm zumute war.

Und doch hatte er sich damit gleichzeitig den allergrößten Traum überhaupt erfüllt und diesen in einem Ausmaß, wie er es nicht einmal zu träumen gewagt hatte! Von seiner Musik leben zu können, wäre schon einmal in Ordnung gewesen, besser noch allerdings, ein Star zu sein. Jetzt konnte er nicht nur leben, er verdiente Millionen! Jetzt war er nicht nur ein Star, sondern er und die Beatles waren *die* Stars überhaupt!

Als sei ihr olympischer Ruhm nicht genug, quatschten sie auch noch die ganze Zeit Liverpooler Dialekt. Sie nahmen einen dauernd auf den Arm. Oder sich gegenseitig. Doch hauptsächlich andere Leute. Jeder, der neu zu dem Kreis stieß, musste bereit sein, Spießruten zu laufen und sich groben verbalen Misshandlungen auszusetzen. Man wusste nie, ob sie sich über einen lustig machten, einen total verarschten oder überhaupt mit einem redeten.

Die Sängerin Marianne Faithful, damals mit dem
Rolling Stone Mick Jagger befreundet, über
die engverschworene Gemeinschaft der Beatles

Die Sprache und der Zynismus blieben Johns einzige Waffen. Mehr als im Film und auch in seinen Songs sah er sich daher in seinen Kurzgeschichten dargestellt; Songs schrieb er für andere, um erfolgreich zu sein, bestimmte Klischees und Erwartungen zu erfüllen, eine Einstellung, die sich erst im Laufe der Jahre ändern sollte – seine Kurzgeschichten und Zeichnungen aber waren völlig er selbst.

Im März 1964 erschien die erste Sammlung von Johns Kurzgeschichten unter dem Titel ›In His Own Write‹ (dt.: ›In seiner eigenen Schreibe‹. Der Band wurde von dem Sprach-Jongleur Ernst Jandl ins Deutsche übersetzt). Neben Johns skurrilen Zeichnungen enthielt sie die abgedrehten Geschichten, die er zuvor bereits im ›Mersey Beat‹ veröffentlicht hatte, sowie einige neue unveröffentlichte Storys. Im Zuge der Beatlemania war klar, dass das Buch an der Spitze der Bestsellerlisten stehen würde, doch Lennons literarisches Werk erntete auch in der intellektuellen Welt Anerkennung und Beifall. So bemerkte die ›Times‹ in ihrer Literaturbeilage: »Es verdient die Aufmerksamkeit eines jeden, der um die Verarmung der englischen Sprache und der Phantasie der Briten bangt.«

Der Sommer 1964 trug die Beatlemania durch die ganze Welt. Am 4. Juni 1964 ging's auf »Short World Tour«: Dänemark, Holland – in Amsterdam sprangen die Fans in die Kanäle, um einen Blick auf ihre Idole zu erhaschen –, dann weiter nach Hongkong, Australien und Neuseeland.

Direkt anschließend, im Juli 1964, verließen die Lennons London, kauften ein 27-Zimmer-Herrenhaus im Tudor-Stil in Weybridge, Surrey im St. George's Hill Estate, auf einem Hügel. John war in großem Maße von den Fans geradezu belagert worden, für das Londoner Nachtleben interessierte er sich auch immer weniger, so dass er keinen Grund sah, mehr als nötig in der Öffentlichkeit zu erscheinen.

26   Illustration zu ›In His Own Write‹, 1964

Sie stellten einen Chauffeur ein – denn keiner von ihnen beiden hatte einen Führerschein und konnte den neu erworbenen Rolls Royce fahren – und eine Haushälterin. Jemand gab ihnen den Rat, einen Innenarchitekten zu beauftragen, und da dieser ebenfalls zum Standardprogramm des Reichseins gehörte, befolgten sie den Rat, ohne groß darüber nachzudenken. Das Resultat war, dass sie die ersten neun Monate in der Bedienstetenwohnung hausten, während Handwerker

27 John um 1964

das Haus auseinandernahmen. Auch später nutzten sie die meisten Zimmer des großzügigen Hauses kaum.

War er zu Hause, was selten genug der Fall war, schlief John bis nachmittags. Cynthia schlich leise durchs Haus, um ihn nicht zu wecken. »Um zwei ging ich dann nach oben und brachte ihm das Frühstück mit Tee und Zeitung ans Bett.«

Oft hatte er sich die Nacht bis in die frühen Morgenstunden im Studio um die Ohren gehauen, aß etwas und ging dann ›zur Arbeit‹. Oder Paul kam und weckte ihn zum Songs-schreiben. Gewöhnlich zogen sie sich gegen ein oder zwei Uhr, nach einer Tasse Tee in Johns Musikzimmer zurück. In diesem kleinen, voll ausgestatteten Apartment auf dem Speicher mit Instrumenten und Aufnahmegeräten schrieben John und Paul Dutzende von Songs, einander wie üblich gegenübersitzend. Um vier oder fünf Uhr waren

> Das Haus ist elegant und großzügig eingerichtet: Plüschsofas, elegante Vorhänge, weiße Teppiche – alles sieht neu und unbenutzt aus, wie aus einem Hollywood-Film. (...) Das ganze Leben spielt sich in einem einzigen kleinen Raum auf der Rückseite des Hauses ab. (...) Ihr kleines Wohnzimmer ist vollgestopft mit Plakaten, kleinen Kunstgegenständen und Fotografien. (...) Sie essen in diesem Zimmer. Dort steht ihr Fernsehapparat. Wenn es kalt und regnerisch ist, verbringt John den größten Teil seiner Zeit, wenn er nicht gerade an einem Song arbeitet, in diesem Zimmer zusammengerollt auf einem kleinen Sofa und faulenzt.
> *Beatles-Biograf Hunter Davis über das Leben in Weybridge*

sie fertig. »Drei Stunden sind gerade richtig«, fand Paul, »danach beginnt man die Konzentration zu verlieren.«

Ungefähr einen Monat vor Beginn der Aufnahmen zum nächsten Album erhielten sie normalerweise einen Anruf, »ihr habt davor eine Woche frei, um euer Zeug zu schreiben«. In dieser Woche fuhr Paul jeden Tag zu John raus: »Wir schrieben immer einen Song pro Tag, egal was passierte.« (Paul)

Das Zusammenspiel von John und Paul funktionierte nur aufgrund eines völlig ausgewogenen, austarierten Machtverhältnisses. Paul McCartney beschreibt das so: »Je mehr man es analysiert, desto mehr bekommt man das Gefühl, das wir die ganze Zeit hatten, das von Gleichheit. Ich glaube nicht, dass John sich jemals als etwas Besseres fühlte als ich, und ich glaube nicht, dass ich jemals das Gefühl hatte, besser als John zu sein. Ganz sicher wäre das in unserer Zusammenarbeit und der Art, wie wir arbeiteten, tödlich gewesen. Es war einfach so, dass ich 50% einbrachte und John 50%.« Jeder versuchte den anderen fachlich und qualitativ zu übertrumpfen, aber auch ihm zu helfen, wenn er stecken blieb. Dann verließen sie sich darauf, dass der andere die zündende Idee hatte und den entscheidenden Part beisteuerte.

Am 19. August 1964 fiel der Startschuss zur ersten richtigen Amerika-Tournee. Cynthia wurde erlaubt mitzugehen. Selbst in diesem riesigen Land befanden sie sich fast jeden Tag in einer anderen Stadt: 36 107 Kilometer legten sie in gerade mal einem Monat zurück und besuchten dabei 24 Städte. Ihre Konzerte hatten unglaubliche Dimensionen angenommen. In der ›Hollywood Bowl‹ in Los Angeles spielten sie zweimal vor jeweils 19 000 Besuchern. Beide Konzerte wurden von George Martin aufgenommen und später als Album veröffentlicht. Mit solchen Größenordnungen konnte die Technik nicht mehr mithalten; während die Beatles spielten, überschrien die Fans die Musik. »Man konnte sich selbst nicht hören, vor allem nicht die eigene Stimme.«

Unsere besten Sachen haben wir gemeinsam geschrieben. (…) Manchmal haben wir zusammen geschrieben, weil es uns höllisch Spaß machte. Und dann natürlich, wenn es hieß, ok, ihr macht ein Album. Dann haben wir uns zusammen hingesetzt und ein paar Songs runtergehauen. Das war wie ein Job.

John

Die Beatlemania war auf dem Höhepunkt. In ihrem Konzert in New York trennte ein acht Fuß hoher Stacheldrahtzaun die Band von ihren Fans, mit einem Hubschrauber wurde sie in das Stadion geflogen und nach dem Konzert wieder abgeholt, in Kansas City wurden die Hotel-Kopfkissen, auf die sie ihre Häupter gebettet hatten, zerschnippelt und für einen Dollar das Stück an Fans verkauft. »Ganz Amerika schien durchgedreht zu sein«, stellte Cynthia fassungslos fest. Die folgenden zwei Wochen wurden zu einer einzigen »nicht enden wollenden Achterbahnfahrt«.

Murray the K., ein aufgedrehter New Yorker Disc-Jockey, vereinnahmte die Beatles von Anfang an, beeindruckte die vier mit seiner schrillen Art, sich zu kleiden, seiner rasend schnellen Sprechweise und seinem unglaublichen Charisma. Er schleppte die Vier in einen New Yorker Nachtclub, folgte ihnen nach Miami, wo er zu Georges Entsetzen sogar das Zimmer mit ihm teilte und so direkt aus dem Headquarter der Beatles, aus dem Zentrum des Sturmes, berichten konnte.

Auf Tour waren die Beatles Gefangene ihres Ruhmes: Tag und Nacht standen Sicherheitsleute vor ihren Hotelzimmern, vor dem Lift, kurz, wo auch immer ein Fan oder Unbefugter sich hätte einschleichen können. An ein Verlassen des Hotels war aufgrund der Fanmassen nicht zu denken.

Sobald sie es sich »leisten« konnten, lehnten sie Einladungen zu Botschaftsempfängen und ähnlichem ab. Aber sie konnten es nicht vermeiden, dass die hohen Staatsbeamten sie in ihren Garderoben und hinter der Bühne besuchten. »Da fanden sich immer ein Haufen Snobs ein, die Typen wie uns in Wirklichkeit über-

28 Paul und John in der ›Ed Sullivan Show‹, 1964

> Ich fing an, über meine eigenen Gefühle nachzudenken. (...) Statt mich in eine Situation hineinzuversetzen, versuchte ich, meine Empfindungen über mich selbst auszudrücken, wie ich es auch in meinen Büchern getan habe. Dylan hat mir geholfen, das zu kapieren – einfach, indem ich seine Sachen gehört habe. Ich hatte eine professionelle Songwriter-Attitüde drauf, wie man Popsongs schreibt. (...) Aber um mich selbst ausdrücken zu können, habe ich meine persönlichen Geschichten geschrieben.
> *John Lennon über Bob Dylans Einfluss auf sein eigenes Schaffen*

haupt nicht ausstehen können«, beschrieb George. »Aber sie wollten uns sehen, weil wir reich und berühmt sind. Nichts als verlogene Heuchelei.«

Lediglich eine Begegnung wurde für John zum persönlichen Höhepunkt dieser Tour: Das Treffen mit Bob Dylan, den er ungemein bewunderte, und der erste Joint. 1963 hatte der amerikanische Folksänger seine einschneidende zweite Platte ›The Freewheelin' Bob Dylan‹ veröffentlicht, mit der er sich als eigenständiger Songwriter etabliert hatte. Die Platte enthält seine größten Klassiker wie ›Blowin' in the Wind‹, ›A Hard Rain's Gonna Fall‹ und ›Don't Think Twice It's Allright‹. Darin äußerte er sich direkt und auf hohem intellektuellen Niveau zu politischen und sozialen Themen. Die Vorstellung, Rockmusik könne als Vehikel für Texte mit literarischem Anspruch dienen, war damals völlig neu.

Und John haute es von den Socken, er war von Dylans verschnörkelter, verwobener Art des Textens begeistert. Zum ersten Mal begegnete er hier einem Songwriter, der bewusst nutzte, was er selbst bisher nur instinktiv getan hatte: Texte als Botschaften, als Spiegel seines Ichs oder der Welt um ihn herum. Er begriff,

Bob Dylan wurde als Robert Allen Zimmerman am 14. Mai 1941 in Duluth, Minnesota geboren. 1959 nannte er sich in Bob Dylan um. 1962 erhielt er einen Plattenvertrag, auf der ersten Platte ›Bob Dylan‹ coverte er in erster Linie Blues- und Folk-Titel, doch schon mit der zweiten, ›The Freewheelin' Bob Dylan‹, 1963, etablierte er sich als eigenständiger, revolutionärer Songwriter. Bob Dylan wurde zur Stimme der sich bildenden Protestbewegung. Er wurde zu einem Symbol der Jugendkultur, die gegen den Krieg protestierte. Dylan verachtete die Beatles in ihrer Anfangszeit, er hielt sie »für eine Bubblegum Band«, erinnert sich der Journalist Al Aronwitz.

dass Lieder eine Aussage haben können. Jetzt begann er zum ersten Mal, auch in seinen Liedern seine Worte bewusst zu wählen, Wert auf seine Texte zu legen und persönlich zu schreiben. Seine immer im Ich-Stil gehaltenen Songs reflektierten mehr als lediglich seine eigene Situation. Vielmehr schuf er, in dem Moment, wo er begann, sich selbst zu betrachten, sich und seine Situation in der Welt zu reflektieren, Werke von allgemeingültiger und zeitloser Aussagekraft. Jeder, der sich auch nur annähernd mit einer solchen Situation konfrontiert sah oder gesehen hatte, konnte sich darin wiederfinden.

Am 28. August 1964, nach einem ihrer Konzerte in New York, hatten die Beatles ein Treffen mit Dylan arrangiert. Er kam, wollte billigen Rotwein trinken und schlug vor, Gras zu rauchen, was die Beatles bisher noch nicht kannten. Ringo war der Mutige, der den ersten Joint ausprobierte, am geöffneten Fenster, die Tür mit einem Handtuch abgedichtet – schließlich warteten draußen jede Menge Gäste und Polizisten, die für die Sicherheit der britischen Gäste sorgten. »Wie war's?«, fragten die anderen Ringo nach den ersten Zügen. »Die Decke kommt runter«, sagte Ringo. »Wow!«, fanden die anderen und griffen zu. Den Abend verbrachten sie giggelnd und kichernd.

Am 21. September kehrten sie nach England zurück, spielten innerhalb einer Woche – vom 2. bis 8. Oktober – die erste Hälfte des nächsten Albums ›Beatles For Sale‹ ein, starteten am 9. Oktober 1964, Johns 24. Geburtstag, zu ihrer mittlerweile fünften Englandtournee, die bis zum 11. November dauerte. Nach einigen Fernsehshows und Konzerten begann am 24. Dezember die »Beatles Christmas Show«, bei der sie täglich bis zum 16. Januar 1965 mit sechs weiteren Bands auf der Bühne des Londoner ›Hammersmith Odeon‹ standen.

1965 hatte John Lennon das Gefühl, an den nie endenden Ansprüchen zu ersticken, die die Welt um ihn herum an ihn stellte.

31. März 1964 – Amerikanische Billboard Charts:

1. Platz	Cant Buy Me Love
2. Platz	Twist and Shout
3. Platz	She Loves You
4. Platz	I Want To Hold Your Hand
5. Platz	Please Please Me

Es waren samt und sonders Ansprüche, die der Vorstellung, die er sich von seinem Leben gemacht hatte, völlig widersprachen. Als Rock'n'Roller, so hatte er immer gedacht, würde er der Star sein! Der Held, der Unbesieg- und Unbezwingbare. Stattdessen, stellte er fest, »verschwindet meine Unabhängigkeit in der Hast.« Er befand sich in einem Käfig, der nicht einmal golden war (golden war nur das Bankkonto), sondern aus engen stickigen Garderoben bestand, aus überfüllten Konzertsälen, aus Fans, die so laut schrien, dass niemand mehr einen Ton der Musik hören konnte.

Er hatte sich prostituiert, er hatte seine Musik und sich selbst verkauft für die ›Idee‹ von Musik, für die ›Idee‹, Musiker zu sein. Er war Popstar geworden, nicht Musiker – und hatte es in dem wilden Trubel nicht einmal richtig gemerkt.

In den Augen der Welt, in den Augen aller um ihn herum hatte er es ›geschafft‹, doch er selbst hatte das Gefühl, nichts in der Hand zu haben als eine leere Luftblase, ein hohles Abbild des Lebens bekommen zu haben, das er sich erwartet und erträumt hatte – betrogen worden zu sein, gegängelt zu werden, ein kleines Rädchen in dem großen Getriebe der Maschinerie ›Beatles‹ zu sein.

»Die Tourneen der Beatles liefen ab wie Fellinis Satyricon«, enthüllte Lennon Jahre später und berichtete »… von den Orgien und all den idiotischen Sachen, die auf den Tourneen gelaufen sind. Damals hießen sie noch nicht Groupies… Wenn wir keine Groupies kriegen konnten, holten wir uns Nutten und so, was gerade angesagt war. (…)

Dennoch hielten alle um sie herum das Image der sauberen Jungs aufrecht. »Die Presseleute um dich rum sind scharf darauf, dass es so bleibt, weil sie alle umsonst saufen und vögeln und ihren Spaß haben wollen.«

Sie gaben Auftritte, Interviews, Radio und Fernsehshows – Musik nahm den geringsten Teil ihres Lebens ein. Als sie in Liverpool als Quarrymen angefangen hatten, hatten sie Musiker sein

I'm a loser
I'm a loser, and I'm not what I appear to be.
Although I laugh and I act like a clown,
beneath this mask I am wearing a frown
My tears are falling like rain from the sky,
is it for her or myself that I cry?

Auf der LP ›Beatles For Sale‹, 1964

›Beatles For Sale‹

Am 4. Dezember erschien die Langspielplatte ›Beatles For Sale‹, sicherlich die melancholischste Platte der Beatles: ›No Reply‹, ›I'm A Loser‹, ›Baby's In Black‹, drei traurige melodramatische Songs folgen gleich zum Einstieg direkt hintereinander, alle handeln sie von Verlust: ›No Reply‹, die eindringliche Schilderung eines Mannes, dessen Freundin nichts mehr von ihm wissen will, weil sie einen anderen hat, hat seinen Höhepunkt im Ruf »*I nearly died, I nearly died!*«. ›I'm A Loser‹ handelt abermals vom Verlust einer Geliebten, ›Baby's In Black‹ von der Trauer. Sie kann in Gedanken nicht von ihrem alten Freund lassen, während er um sie wirbt. »*Baby's in black and I'm feeling blue …, I think of her but she thinks only of him …*« Und auch der letzte Lennon-Song, ›I Don't Want To Spoil The Party‹, handelt vom Zurückgewiesenwerden: Das Mädchen, das er mag, ist nicht auf der Party, und da ihn das frustriert und traurig macht, geht er dann auch lieber, um die Stimmung nicht zu vermiesen.

30 Plattencover von ›Beatles for Sale‹

wollen. Sie wollten auf der Bühne stehen und Show machen, sie wollten ihre Musik entwickeln, neue Dinge ausprobieren, Songs schreiben. Somit waren sie dem Leben und der Freiheit des Musikers in ihren Monaten auf der Hamburger Reeperbahn und den dortigen Clubs am nächsten gekommen. Jahre später stellten sowohl Lennon als auch McCartney übereinstimmend fest, dass sie dort als Band und als Musiker ihre beste Zeit gehabt hatten!

Am 12. Juni gab der Buckingham Palace offiziell bekannt, dass die vier Musiker einen Orden für ihre Verdienste erhalten würden: Den MBE, Master of the British Empire. Noch nie war eine Popband mit einem königlichen Orden ausgezeichnet worden. Die Beatles waren verblüfft – ein Orden für Popmusik? »Ich dachte, man müsste Panzer fahren und Kriege gewinnen, um so einen

»Ich war der Kaiser, ich hatte Millionen Mädchen, Drogen, Alkohol, Macht, und alle sagten, was für ein toller Typ ich doch sei. Wie sollte ich da wieder herauskommen? Das war, wie wenn man im Zug sitzt. Ich konnte nicht aussteigen.«   *John*

›Help!‹: Album und Film

Im Februar 1965 nahmen sie ›Ticket To Ride‹ auf, daraufhin das Album ›Help‹. Die Aufnahmesessions wurden loser, unvorbereiteter, spontaner, viele Songs entwickelten sich – im Gegensatz zu den frühen Nummern – erst im Studio. Dennoch hatten die Beatles im Studio eine konzentrierte, sehr professionelle Einstellung, keine Exzesse, keine Drogen. »Es war unser Arbeitsplatz.« In den frühen Tagen fanden die Aufnahmen morgens von 10.30 bis 13.30, nachmittags von 14.30 bis 17.30 und, wenn die Inspirationen oder der Zeitplan drückten, nochmals von 19 bis 22 Uhr statt.

Auf dem ›Help!‹-Album machte sich der Einfluss Dylans auf Johns Songs stark bemerkbar. ›You've Got To Hide Your Love Away‹ war fast ein dylanesker Song und die erste völlig akustische Nummer, die die Beatles aufnahmen. Die wichtigsten Songs des Albums aber waren ›Help‹ und ›Yesterday‹. Letzterer, eine reine McCartney-Nummer, die er komplett im Alleingang schrieb und sang, wurde der meistgespielte und -gecoverte Song aller Zeiten. Am 17. Juni 1965 wurde der Song mit einem Streichquartett aufgenommen. Johns Song ›Help‹ wurde als toller Popsong gefeiert, dabei legte er, trotz des fröhlichen treibenden Rhythmus', unmissverständlich Abgründe frei, es war ein sehr offener Hilferuf, der dennoch damals erstaunlicherweise überhaupt nicht als ein solcher verstanden wurde.

Direkt nach den Plattenaufnahmen begannen die Dreharbeiten für ihren zweiten Spielfilm, diesmal in Farbe: ›Help‹ (Dt.: ›Hi Hi Hilfe‹). Am 23. Februar 1965 flogen sie für zwei Wochen zum Drehen auf die Bahamas, anschließend nach einem zweitägigen Zwischenstopp in London weiter nach Obertauern in Österreich. Regie führte abermals Richard Lester.

So unwohl sich die Beatles selbst mit dem Film auch fühlten, in seiner satirischen Abgedrehtheit ist ›Help‹ wahrscheinlich die beste Persiflage überhaupt auf die James-Bond-Filme. Stilsicher und gekonnt benutzte Richard Lester sämtliche Elemente der Bond-Filme, exotische Drehorte, verführerische mysteriöse Frauen, dubiose Verfolger und eine Story, in der es selbstverständlich um die Weltherrschaft geht.

Dazwischen spielte Lester mit den Mythen um die Beatles (alle leben zusammen in einem verrückten Haus – der Fans liebster Traum), machte fast nebenbei ihre eigene Welt anschaulich, die Tatsache, dass zwischen den vieren eine ganz besondere Atmosphäre herrschte, eine eigene Sprache, ein Verständnis ohne Worte, ein – bei aller Flapsigkeit – enormer Zusammenhalt. Und so rasten selbstverständlich immer alle vier Beatles von einer bedrohlichen Situation in die nächste. Das Ganze versetzte Richard Lester mit dem ihm eigenen Sinn für Skurrilität, mit absurdem Witz und komplett irrealen Situationen.

Orden zu bekommen«, sagte John. Das sahen viele andere Ordensträger genauso und schickten ihre Auszeichnungen unter Protest an den Buckingham Palace zurück! Der wahre Grund für die Verleihung der Auszeichnung war natürlich profaner: Die Beatles hatten dem Land viel Geld gebracht, ausgezeichnet wurden sie für ihre Verdienste um die Exportwirtschaft.

Einerseits fühlten sie sich gebauchpinselt und geehrt, andererseits fanden sie es einfach nur komisch. »Wir erklärten uns einverstanden, einfach um die Leute noch mehr zu ärgern, die sich sowieso schon über uns ärgerten«, sagte John. Dabei hatte er mit der Annahme des Ordens die meisten Probleme. Denn immer, wenn man annimmt, was andere einem verleihen, lässt man sich ein Stück weit kaufen. Und so sorgte er nach dem Erhalt – am 26. Oktober im Buckingham Palace – dafür, dass der Orden möglichst schnell aus dem Haus kam, und gab ihn an seine Tante Mimi weiter.

Am 20. Juni gingen die Beatles für zwei Wochen auf Europa-Tournee: Frankreich, Italien, Spanien. Vom 14. bis zum 31. August folgte, mit vier weiteren Bands, die zweite Amerika-Tournee, die größtenteils in Hallen und Open-Air-Stadien vor 20 000 bis 35 000 Menschen stattfand. John Lennon unterbrach die Tournee für einen Tag, um sein zweites Buch ›A Spaniard in the works‹ (Dt. ›Ein Spanier macht noch keinen Sommer‹) vorzustellen.

John benutzte den Ruhm und die Annehmlichkeiten, sich abzuschotten und eine Mauer zu errichten, hinter der er sich verschanzen konnte, sobald man ihn in Ruhe ließ. In seinem Haus in Weybridge igelte er sich ein, nie ging er selbst an die Tür, selten beantwortete er das Telefon, kaum ging er aus. »Ich bin kein geselliger Mensch. Die Freunde, die ich habe, reichen mir. Ich will einfach in Ruhe gelassen werden.« Da Ringo in der Nähe wohnte, verbrachte er mit ihm die meiste Zeit. Ab und zu überredete seine Frau ihn dazu, auszugehen. Auch für sie war sein totaler Rückzug

›Help!‹ war die reinste Scheiße, auch wenn Dick Lesters Batman-Idee à la Comicstrip ihrer Zeit weit voraus war.‹

John zum Film ›Help‹

Der Song ist absolut ehrlich. Und es gibt mir ein Gefühl der Sicherheit, zu wissen, dass ich damals schon so sensibel (...), dass ich ein Bewusstsein von mir selbst hatte. Ich sang einfach ›Help‹ und meinte es auch so.

John zum Song ›Help‹

32 Paul, Ringo
und John mit dem
MBE-Orden

keine einfache Situation, da er sich auch ihr gegenüber verschloss.
»Es ist für mich ganz einfach leichter, wenn er mit mir spricht«,
beklagte sie sich.

Zunehmend lebte das Ehepaar Lennon sich auseinander. Die
Unterschiede ihrer Charaktere, die ihre Beziehung teilweise über-
brückt hatte, kamen wieder voll zum Tragen. Auch Cynthia sah
das deutlich. »Wäre ich nicht schwanger geworden und hätte
dann geheiratet, als er anfing, seine Welttourneen zu machen,
wären wir mit der Zeit auseinander gegangen. (…) Seine Liebe
gehört den Beatles. Ohne das Kind wäre er für immer mit den Beatles auf und davon gegangen.«

Help!
When I was younger, so much younger than today,
I never needed anybody's help in any way.
But now these days are gone, I'm not so self assured.
Now I find, I've changed my mind, I've opened up the doors.
Help me if you can, I'm feeling down,
and I do appreciate you being 'round.
Help me get my feet back on the ground,
won't you please help me.
And now my life has changed in oh so many ways,
my independence seems to vanish in the haze.
But every now and then I feel so insecure,
I know that I just need you like I've never done before.
Help me …

Den Fotos, auf denen er mit Cynthia und Julian in seinem braven bürgerlichen Anwesen posiert, verleiht er durch seine unnachahmliche Art und Weise Ironie und Satire. ›Das hier ist nicht ernst!‹ ist die deutliche Botschaft. ›Ich gehöre hier nicht hin! Ich spiele hier eine Rolle.‹ Er reißt Possen, posiert mit einer Mistgabel, man sieht keinen stolzen Familienvater – weiß Gott nicht! Auch nicht jemanden, der sich lediglich lustig macht, sondern der verzweifelt um seine Identität ringt, in einem Leben und Umfeld, das ihn in Ansprüchen erstickt.

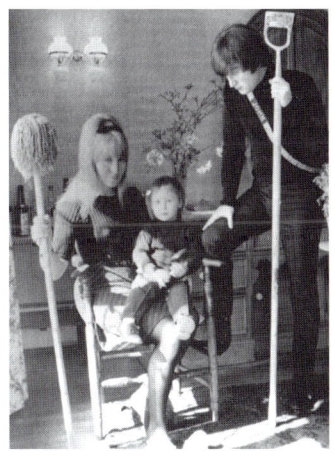

33 Familie Lennon, 1965

Am 3. Dezember 1965 erschien ›Day Tripper‹ – es war die zehnte Single in Folge, die sich auf Anhieb auf den ersten Platz der britischen Charts setzte. Im Dezember gaben sie noch zehn weitere Konzerte in England – die einzigen Tourneen für 1965, für die Beatles ein geradezu lächerliches Programm! Und ein deutliches Zeichen, wie ermüdet und ausgebrannt sie waren!

Als ich jünger war, soviel jünger als jetzt,
brauchte ich niemals die Hilfe von irgendjemandem.
Aber diese Tage sind vorüber, ich bin nicht mehr so selbstbewusst.
Jetzt stelle ich fest, dass ich meine Meinung geändert habe,
                      ich habe die Türen geöffnet.
Hilf mir, wenn du kannst, ich bin so am Ende.
Und ich weiß es zu schatzen, dass du bei mir bist.
Hilf mir, wieder Boden unter die Füße zu bekommen.
Willst du mir nicht, bitte, bitte helfen.
Und jetzt hat sich mein Leben in so vieler Hinsicht geändert,
meine Unabhängigkeit scheint sich in Dunst aufzulösen.
Ab und zu fühle ich mich so unsicher,
ich weiß, dass ich dich brauche wie noch nie zuvor.
Hilf mir, wenn du kannst …

›Rubber Soul‹

Im Oktober und November 1965 wurde das Album ›Rubber Soul‹ aufge-nommen. Zunehmend gingen John und Paul musikalisch und künstlerisch über Grenzen. Dabei hatten sie das Glück, dass sie in George Martin einen klugen und einfühlsamen Produzenten gefunden hatten. Ungleich all der anderen Menschen um sie herum, deren Aufgabe sich darin erschöpfte, den Jungs zu sagen, was sie tun sollten und was sie von ihnen erwarteten, ließ George Martin sie nicht nur machen, sondern führte im Studio aus, was sie erdachten.

›Rubber Soul‹ brilliert mit einigen sehr schwarz-humorigen Songs, dem witzig-satirischen ›Drive My Car‹, dem surrealistischen ›Nowhere Man‹ und dem fast makabren ›Norwegian Wood‹, in dem der Erzähler am Ende das Haus des Mädchens in Brand steckt. »Da habe ich versucht, über eine Affäre zu schreiben, ohne dass meine Frau merkt, dass ich über eine Affäre schreibe.« Furore machte der Song aber aufgrund einer anderen Tatsache: Den Solo-Part spielte George Harrison auf einem indischen Instrument, der Sitar. Kurz zuvor war der eigenwillige Musiker, der immer stark im Schatten der beiden dominanten Köpfe der Beatles stand, mit der indi-schen Kultur und Musik in Berührung gekommen und hatte sich mit Feuer-eifer in diese Neuentdeckung und in das Erlernen des Instrumentes ge-stürzt. Die Lieblingsnummer der Beatles aber war ›Girl‹: »Girl ist ehrlich. Das Mädchen gibt es nicht, sie war ein Traum, aber der Text ist gut: Stellen wie »Wurde ihr, als sie jung war, beigebracht, dass Schmerz zu Genuss führt« (»*Was she told when she was young that pain would lead to pleasure*«) sind im Grunde philosophische Zitate. Ich dachte darüber nach, während ich es schrieb, es war nicht einfach ein x-beliebiger Song. (…) in gewisser Weise stellte es für mich den Versuch dar, etwas über das Christentum auszusagen, mit dem ich seinerzeit auf Kriegsfuß stand. … dass man Folter ertragen muss, um in den Himmel zu kommen. Das ist die katholische Vorstellung von Christentum: Lass dich foltern, dann wird alles gut.«

Der typischste Lennon-Song aber ist wohl ›Nowhere Man‹. John: »Ich hatte morgens fünf Stunden lang versucht, einen Song zu schreiben, der gut war und eine Bedeutung hatte. Schließlich gab ich auf und legte mich hin. Dann kam ›Nowhere Man‹, Text, Musik, das ganze verdammte Ding.« Als Paul zum Schreiben nach Weybridge kam, lag John auf der Couch und schlief, der Song war fertig. Wie schon zuvor ist ›Nowhere Man‹ eine Re-flexion seiner damaligen Situation. Zunehmend fühlte er sich nutzlos und sinnlos, verbrachte Tage mit völligem Nichtstun: »Ich kann aufstehen und gleich damit anfangen, nichts zu tun. Ich sitze ganz einfach auf der Treppe, blicke ins Leere und denke, bis es an der Zeit ist, schlafen zu gehen.« Die befreundete Jour-nalistin Maureen Cleave bezeichnete ihn daher auch einmal als den faulsten Men-schen Englands.

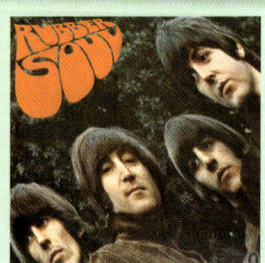

34 Cover der LP ›Rubber Soul‹

Umbruch

Ende 1965 kamen die Beatles auf einen neuen, völlig anderen Trip: Rauschgift und Religion. Mit Marihuana und Haschisch hatten sie schon eine ganze Zeit lang herumexperimentiert, auf der Party eines Zahnarztes in London kamen sie Ende 1965 zum ersten Mal unfreiwillig mit LSD in Berührung. In den folgenden Jahren warf John »mindestens 1000 Trips ein. Ich futterte die Dinger die ganze Zeit vor mich hin.« Er fand Drogen und ihre Bewusstseinsveränderte Wirkung ungemein stimulierend.

Im Zuge der Drogen veränderte sich Johns Leben radikal. Er, der gesellschaftliches Leben und viele Menschen immer gemieden hatte, kam jetzt mit einer Menge Leute, die er meist selbst kaum oder nur vage kannte, mitten in der Nacht von einer Aufnahme nach Hause – allesamt völlig high. Die ganze Gruppe verbrachte die frühen Morgenstunden damit zu tanzen, zu trinken und laut Musik zu hören.

Cynthia kam sich vor wie auf einem anderen Planeten, zunehmend machte ihr die Entwicklung Angst, »je näher John in das Zentrum des Wirbelsturms reiste, desto weiter zog ich mich zurück«. Um ihre Ehe zu retten, um zu verstehen, was ihren Mann so begeisterte, und ihm nahe zu sein, entschloss sie sich schließlich, seinem konstanten Drängen nach-

> Als wir in den Club kamen, dachten wir erst, er stünde in Flammen, dann, da sei eine große Premiere im Gange, dabei war's nur eine Lampe draußen am Eingang. (…) Schließlich landeten wir in einem Lift und dachten, der Lift würde brennen, weil's da so'n kleines rotes Licht gab, und wir kreischten alle ›aaarrghhh‹ und schwitzten und waren völlig hysterisch (…) Noch ein bis zwei Monate danach war ich ziemlich benommen.
>
> *John über seinen ersten LSD-Trip*

LSD (Lysergsäurediäthylamid) wurde 1938 von dem Schweizer Forscher Albert Hoffmann entdeckt, nach klinischen Tests wurde es als bewusstseinsverändernde Substanz klassifiziert. Als Versuchsperson war u. a. der Dichter Allen Ginsberg an den Tests beteiligt. Bis 1966 war LSD legal. Der ehemalige Harvard-Professor Timothy Leary präsentierte sich als Prophet der Gegenkultur, verteidigte das individuelle Recht auf Drogenkonsum zur Bewusstseinserweiterung. »Turn on, tune in, drop out« hieß auf den Punkt gebracht seine Botschaft, die er in dem Buch ›Politik der Ekstase‹ (Hamburg 1970) vertrat.

›Revolver‹

Zunehmend spiegeln sich die bewusstseinserweiternden Erfahrungen mit Drogen auch in der Musik der Beatles wider, am deutlichsten auf dem Album, an dem sie gerade arbeiteten: ›Revolver‹. Die Aufnahmen begannen am 6. April 1966, der Plattentitel bezog sich weniger auf ein Schießeisen, als vielmehr auf etwas, das sich dreht (*revolves*), also eine Langspielplatte. Mit ›Revolver‹ entwickelten die Beatles sich von einer Live- zu einer Studioband.

Johns musikalischer Versuch, einen Drogentrip zu beschreiben, wurde gleich am ersten Tag aufgenommen: ›Tomorrow Never Knows‹. »Das Ganze war auch nichts anderes, als ein Spiegel meiner selbst. Die Musik schreiben konnten die Trips auch nicht. Ich schreibe die Musik, und zwar unter den Bedingungen, in denen ich mich jeweils befinde, sei es auf einem Trip oder im Wasser. (…) Der Text allerdings entstammt zum großen Teil in Abwandlungen, dem tibetanischen Totenbuch.«

Von der Sitar eingeleitet, begleitet von nachempfundenem, psychedelischem Möwengekreische und Ringos treibendem Drum-Rhythmus kamen Pauls Soundexperimente hier zum ersten Mal zum Einsatz. Dieser hatte in letzter Zeit zu Hause viel mit Bändern, Aufnahmetechniken und Tape Loops experimentiert.

Auch im Song ›Dr. Robert‹ um einen schicken New Yorker Arzt ging es um die Pillen und Substanzen, die man alle bekommen und einwerfen konnte. Das halluzinative ›I'm Only Sleeping‹ war ein typischer Lennon-Song, der seine in ›Nowhere Man‹ angedeutete Weltsicht ein weiteres Mal formulierte: »*I think they're crazy, running everywhere at such a speed*«.

Doch es gab auch andere Songs: ›Here, There and Everywhere‹, das Paul an einem herrlichen Junimorgen in Weybridge geschrieben hatte, während er darauf wartete, dass John endlich aufstand – einer der liebsten Beatles-Songs sowohl von Paul als auch von John. Außerdem Pauls Meisterwerk ›Eleanor Rigby‹, das fröhliche, von Ringo gesungene ›Yellow Submarine‹, das lebensbejahende ›Good Day Sunshine‹, der Rocker ›Got To Get You Into My Life‹ sowie drei Songs von George, nämlich das aggressiv-bissige ›Taxman‹, eine musikalische Attacke gegen die Regierung und die Tatsache, daß die Beatles in ihren Hochzeiten bis zu 95 % (!) Steuern zahlten, das indische ›Love You To‹ und das psychedelisch angehauchte ›I Want To Tell You‹.

Bevor das Album ›Revolver‹ auf dem Markt kam, wurde am 10. Juni 1966 die Single ›Paperback Writer‹, ein Song in Briefform, veröffentlicht. Auf der Rückseite befand sich der bis dahin experimentellste Song der Beatles, John Lennons ›Rain‹, bei dem sie mit rückwärts abgespielten Bändern eine eigene musikalische Welt krei,erten. Dennoch war ›Paperback Writer‹ die erste Platte der Beatles, die nicht mehr auf Anhieb, sondern mit einer Woche Verzögerung auf Platz eins der Charts kam. Vielleicht hing diese Tatsache auch damit zusammen, dass die Beatles zum ersten Mal keine Lust hatten, die übliche Publicity-Maschinerie von Interviews, Radio- und Fernsehauftritten über sich ergehen zu lassen und stattdessen einen Promo-Film – und damit den ersten Videoclip der Musikgeschichte – zur Single drehten.

zugeben und ebenfalls LSD auszuprobieren. Es wurde ein Alp-traum-Trip, Cynthias Halluzinationen nahmen bildliche Formen an, Fratzen, Schlangen und Drachen bedrohten sie. Zwar küm-merte John sich währenddessen rührend um sie, sprach ihr gut zu, sagte, dass er sie liebte, doch war das Resultat von Cynthias Horror-Trip keine Annäherung in ihrer Ehe, sondern eine weitere Entfremdung.

Auf der vierten und letzten Amerika-Tour sorgte John unfrei-willig für Schlagzeilen. Monate zuvor hatte er in einem Interview mit der britischen Zeitung ›Evening Standard‹ die Bemerkung fal-len lassen, die Beatles seien jetzt größer als Jesus Christus. Auf ei-nen Schlag und aus völlig unerklärlichen Gründen tauchte eben-dieser Satz aus dem Zusammenhang gerissen wieder auf und machte in Amerika die Runde. In dem puritanischen Land sorgte er für einen Aufschrei ungekannten Ausmaßes. So sehr die Beat-les zuvor die Massen in positiver Hinsicht begeistert hatten, so sehr kehrte sich diese Begeisterung jetzt in flammende Empörung um: Radiosender riefen zum Boykott auf, Kids zertraten in aller Öffentlichkeit die Platten, häuften die Hüllen zu einem Scheiter-haufen und verbrannten sie.

Die Beatles versuchten die Plattenverbrennungen humorvoll zu sehen: »Zuerst müssen sie sie ja kaufen, und es besteht ja keine Pflicht, sie auch abzuspielen.« Brian Epstein zog dann aber die Not-bremse: In einer offiziellen Pressekonferenz musste John Lennon das Zitat mit einer ausführlichen Erläuterung abmildern und deut-lich machen, dass sie die Äußerung nicht als Blasphemie aufzu-fassen war, sondern lediglich darauf, dass die Beatles überall in der Welt, auch in andersgläubigen Ländern erfolgreich waren.

Auch abgesehen von diesem Vorfall führte die Amerika-Tour ih-nen deutlich vor Augen, dass sie so nicht mehr weiterma-chen wollten. »Wir begannen,

35 Plattencover von ›Revolver‹. Die Platte erschien am 5. August 1966 und schoss gleich auf den ersten Platz der Charts. Klaus Voormann, der alte Hamburger Freund der Beatles, hatte das preisgekrönte Cover von ›Revol-ver‹, eine Collage mit mehreren in-einander übergehenden Beatles-Zeichnungen und Fotos, entworfen.

den Respekt für unsere Liveauftritte zu verlieren«, sagte selbst Paul.

Die Beatles hatten zehn Stadion-Konzerte hintereinander gespielt, bevor sie ihren ersten freien Tag hatten, die Qualität der Musik, die sie auf der Bühne brachten, war mies, meist lag ihnen nur daran, die Songs möglichst schnell herunterzuspielen, um das Konzert schnell hinter sich zu haben.

»Wir waren spirituell leer, und dieses leere Spielen laugte uns aus«, sagte Paul. Nach einem »lausigen Konzert« (O-Ton McCartney) in St. Louis, Missouri, am 21. 8. 1966, auf der Rückfahrt in einem leeren Truck, gab auch McCartney dem Drängen der anderen drei schließlich nach. Schon seit Wochen hatten die ihn dahingehend bearbeitet, endlich mit den Konzerten aufzuhören. An diesem Tag sagte er, »Jungs, ihr habt meine Stimme!« Somit fand am 29. August 1966 im ›Candlestick Park‹ in San Francisco der letzte Live-Auftritt der Beatles statt. Doch erst Monate später gab die Band, um eine Massenhysterie zu vermeiden, auch offiziell bekannt, dass dies ihr letztes Konzert gewesen war.

Die Beatles waren erleichtert, auch wenn sich für sie alle die Frage stellte: Was nun? Die Konzerte hatten einen so großen Teil ihres Lebens ausgemacht, womit sollten sie diesen nun füllen? Jahrelang hatten sie in einem Hexenkessel verbracht, keine Minute frei, ein Termin jagte den anderen. Jetzt Leere, Nichts … Besonders Brian Epstein fiel in ein tiefes Loch. Die Tourneen waren sein Leben, seine Arbeit gewesen.

Die Entscheidung markierte einen Wendepunkt: Zum ersten Mal unternahm jeder der vier Beatles ein Projekt alleine. In mehrfacher Hinsicht zeigten sich die Veränderungen auch nach außen: Der Einheitslook fiel, ebenso der Pilzkopf. Aus der Gruppe Beatles wurden vier Individuen.

Paul fuhr direkt nach der Tournee alleine und verkleidet für zwei Wochen lang mit dem Auto durch Frankreich, probierte ex-

---

Am 1. Mai 1966 spielten die Beatles in London – es sollte ihr letztes Konzert auf englischem Boden sein. Ende Juni kehrten sie zum ersten Mal seit ihrer Zeit in Hamburg für drei Konzerte nach Deutschland zurück: Am 24. Juni spielten sie zweimal im Münchner ›Circus-Krone-Bau‹, am Tag darauf in Essen und am 26. 6. in

der ›Ernst-Merck-Halle‹ in Hamburg. Nach diesem Konzert schlichen sie sich aus dem Hotel, um sich mit alten Freunden zu treffen. Am 30. Juni besuchten sie zum ersten Mal, auch nur für drei Tage, Japan. Am 4. Juli spielten sie vor 30 000 Besuchern in Manila auf den Philippinen, doch das Konzert endete in einem

perimentelle Filmtechniken aus und schrieb anschließend die Musik zu dem Kinofilm ›The Family Way‹. George reiste im September 1966 mit seiner Frau Patti zum ersten Mal nach Indien, beschäftigte sich zunehmend mit indischer Weltanschauung und Musik. Bei Ravi Shankar vertiefte er zudem seine Sitarkenntnisse.

John Lennon stand als Schauspieler in dem surrealistischen Film ›How I Won The War‹ (dt. ›Wie ich den Krieg gewann‹) vor der Kamera. Und das, obwohl er der Schauspielerei schon bei den beiden Beatles-Filmen nicht allzu viel hatte abgewinnen können. Er fand es auch dieses Mal langweilig, hasste die Tätigkeit, das Rumsitzen und die anderen Schauspieler und freute sich in erster Linie darüber, dass Ringo ihn während der Dreharbeiten im spanischen Almería besuchte.

Darüber hinaus brachte John es auch endlich über sich, zu seiner Brille zu stehen. Nun trug er die runde billige Kassen-Nickelbrille, die seitdem unter dem Namen ›Lennon Glasses‹ bekannt ist, in aller Öffentlichkeit und im Film. Und – er ließ sich die Haare schneiden. Der Pilzkopf war somit ein für allemal *passé*.

Zurück in London zockelte John an einem Novemberabend mit seinem chauffeurgesteuerten Mini Cooper mit schwarzen Scheiben »so ein bisschen durch die Galerien.« Vor der ›Indica Gallery‹ im ›Mason's Yard‹ im Londoner West End stieg er aus, um sich, einen Tag vor der Eröffnung und unbelästigt von neugierigen Menschen und auf-

36 John als Admiral Gripwead in ›How I Won the War‹, 1967

Eklat. Die Beatles nahmen eine Einladung des Präsidentenehepaars Marcos nicht an, oder sie hatten gar nicht von ihr gewusst. Sie wurden daraufhin von den Ordnungskräften rüde und grob behandelt und flohen förmlich aus dem Land. Ab dem 12. August stand Amerika auf dem Programm – zum letzten Mal.

In dem skurril-absurden Anitkriegs-Epos ›How I Won The War‹ spielt John den Soldaten Gripwead, der mitten im Krieg mit seiner Einheit einen Cricketplatz in der Wüste bauen soll. Auch ein alter Freund, Roy Kinnear, mit dem John bereits in ›Help!‹ gedreht hatte, war in einer Soldatenrolle mit dabei.

dringlichen Fans, die Ausstellung einer avantgardistischen Japanerin anzusehen, von der er schon einiges gehört hatte. Sie hatte die Löwen auf dem Trafalgar Square eingehüllt, ließ sich in der ›Snip Piece‹-Performance die Kleider vom Leib schneiden und zeigte in ihrem Film ›Buttoms‹ Dutzende von nackten Hinterteilen.

Galerist John Dunbar stellte John die Künstlerin vor: Yoko Ono. Dann entdeckte John ein Brett mit einer Kette, an der ein Hammer hing, darunter lag ein Haufen Nägel. John fragte, ob er einen Nagel einschlagen dürfe, Yoko sagte »nein«, schließlich war es noch vor der Eröffnung, und sie wollte nicht, dass etwas berührt würde.

Verzweifelt versuchte John Dunbar »mir mit den Augen einen Wink zu geben«. Natürlich hoffte er, dass der reiche Beatle etwas kaufen würde.

»Also gut«, sagte Yoko, »für fünf Shilling«. John: »Ich sagte, bist du … Ok, ich geb dir fünf imaginäre Shilling und schlag dafür einen imaginären Nagel ein, einverstanden? Und in diesem Moment hat es uns gepackt.«

Wenig später sahen sie sich bei der Claes Oldenburg-Ausstellung wieder, »wir nickten einander nur vorsichtig zu und wussten nicht recht.«

Yoko allerdings wusste, und wenn sie wusste, was sie wollte, dann bekam sie es auch, wie John später einmal anerkennend feststellte. Ein paar Wochen später rief sie das erste Mal an und schickte ihm darauf ihr Buch ›Grapefruit‹. John und Yoko blieben in Kontakt, tauschten Briefe aus.

Am 24. November 1966 begannen die Aufnahmen für ›Sergeant Pepper's Lonely Hearts Club Band‹. ›Strawberry Fields Forever‹ und ›Penny Lane‹ waren die ersten Songs, die aufgenom-

---

Am 18. Februar 1933 wurde **Yoko Ono** in Tokio geboren. Es folgten zwei weitere Geschwister, Bruder Keisuke und Schwester Setsuko. Die Familie gehörte zu einer der wichtigsten Bankerfamilien Japans. In ihrer Kindheit pendelte Yoko mit ihren Eltern zwischen Tokio und Amerika hin und her, genoss in San Francisco auch ihre Ausbildung. Nach dem 2. Weltkrieg ließ die Familie sich ganz in New York nieder. Mit 19 Jahren brach Yoko aus ihrer wohl geordneten Welt auf, schmiss das angesehene College und brannte mit dem japanischen Komponisten Toshi Ichiyanagi durch. Sie heiratete ihn und lebte mit ihm in Greenwich Village. Hier tauchte sie

men wurden, auch wenn sie vorab als Singles ausgekoppelt wurden und nicht auf dem Album landeten. John hatte ›Strawberry Fields Forever‹, eine Erinnerung an den magischen Garten seiner Kindheit, während der Dreharbeiten zu ›How I Won the War‹ in Almería geschrieben. Inspiriert von Johns Nostalgie schrieb Paul ›Penny Lane‹, eine weitere Hymne an seine Heimatstadt.

Der Kontrast zwischen John und Paul zeigt sich nirgendwo so deutlich wie in diesen beiden Liedern, in denen beide ihre Vergangenheit aufgreifen. Während John daraus ein träumerisches Stück macht, das darstellt, was er an Gefühlen und subjektiven Erinnerungen mit diesem Ort seiner Kindheit verbindet, ist ›Penny Lane‹ ein banales Erinnerungsfoto aus vergangenen Zeiten, dem lediglich das ungewöhnliche Trompetensolo einen gewissen Reiz verleiht. Im Gegensatz dazu ist ›Strawberry Fields Forever‹ der Entwurf einer kompletten surrealistischen Welt, aufgehängt an dem Ort, an den der junge John in Tagträume floh.

Am 17. Februar 1967 wurde die Single mit dem kommerzielleren ›Penny Lane‹ auf der A-Seite und ›Strawberry Fields Forever‹ auf der B-Seite veröffentlicht – und kam als erste Beatles-Single nicht auf den ersten Platz der Charts!

Im Juni 1967 wurden die Beatles von der BBC um einen Beitrag zur ersten weltweit über Satellit ausgestrahlten Fernsehsendung ›Our World‹ gebeten. Statt einen ihrer Hits oder einen Song aus dem neuen Album zu spielen, schrieben sie ein komplett neues Lied, eines, das den Zeitgeist der Hippie-Ära perfekt einfing und dessen Refrain doch so simpel war, dass er rund um die Welt verstanden werden konnte: ›All You Need Is Love‹. Zur Filmaufnahme des Songs gab sich, bunt und hippiemäßig (auch wenn das in dem ausgestrahlten Schwarzweiß-Film nicht zu sehen war), die erste Garde der britischen Popmusik ein Stelldichein: Mick Jagger und Marianne Faithful, Keith Richards und Who-Drummer Keith Moon, Gitarrengott Eric Clapton sowie ein Dutzend weiterer

in die Avantgarde und Fluxus Kunstszene ein und veranstaltete Konzerte und Happenings mit Malern, Musikern und Aktionskünstlern. Mehr und mehr entwickelte sie ihre eigenen Kunstprojekte. 1963 wurden sie und Toshi geschieden, und Yoko heiratete den Filmproduzenten Tony Cox. Gemeinsam hatten sie die Tochter Kyoko. Im September 1966 kam Yoko mit ihrem zweiten Ehemann Tony Cox zum ersten Mal nach London, um an dem Symposium ›Destruction of Art‹ teilzunehmen. Kurzfristig eröffnete der mit Paul McCartney befreundete John Dunbar ihr die Gelegenheit, in der ›Indica Gallery‹ auszustellen.

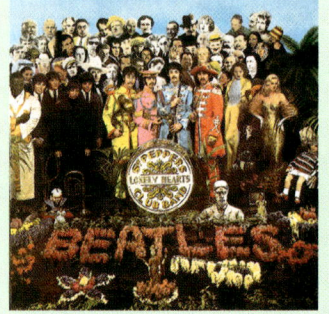

›Sergeant Pepper's Lonely Hearts Club Band‹

Die von Paul entwickelte Grundidee für das Album war eine fiktive ›Sergeant Pepper's Lonely Hearts Club Band‹, um dem einengenden Beatles-Korsett zu entfliehen und kreativ freier agieren zu können. So erfanden sie Rollen und schließlich sogar Kostüme für diese anderen Beatles. Der Grundgedanke funktionierte, ›Pepper‹ wurde zum revolutionärsten Album der Popgeschichte.

Einer der Gründe, weshalb das Album als ein Ganzes (als »Konzeptalbum«) angesehen wurde und nicht als eine Ansammlung vieler einzelner Songs, war die Tatsache, daß diese miteinander verbunden waren.

Schon die viermonatige Produktionsphase machte zu Zeiten, in denen ein normales Popalbum in vier Tagen eingespielt wurde, deutlich, dass es sich hier um ein außergewöhnliches Werk handelte und sorgte daher schon in der Vorphase für jede Menge Gerüchte und hoch gesteckte Erwartungen.

Für Johns Song ›For The Benefit of Mr. Kite‹ wurde das Tonband mit der Aufnahme einer alten viktorianischen Dampforgel zerschnippelt, die Einzelteile in die Luft geworfen und willkürlich wieder zusammengesetzt, um den schlingernden Drehleier-Sound zu erzielen. Und zu dem grandiosen Finale von ›A Day in the Life‹ kam zum ersten Mal ein halbes Sinfonieorchester von 42 Mann zu der Arbeit an einem Beatles-Song ins Studio.

Die Aufnahmen forderten Produzent George Martin, der dieses Werk mit viel Einfallsreichtum und Sensibilität auf einer Vier-Spur-Maschine realisierte, bis zum Äußersten. Seine Gabe, in die Köpfe der Beatles zu steigen, zu erkennen, was sie wollten, und dieses musikalisch umzusetzen, kam voll zum Tragen. Produktionstechnisch revolutionierte das Album die Musikindustrie.

Für das Finale von ›A Day in the Life‹ beispielsweise hatte John folgende Vorstellungen: »Was ich hören möchte, ist eine enorme Steigerung von Nichts bis hin zu etwas Absolutem, wie dem Ende der Welt. Ich möchte, dass es von extremer Stille bis zu extremer Lautstärke geht, nicht nur was das Volumen angeht, ich möchte auch, dass der Klang an sich sich ausdehnt.« Hatte John seine Idee formuliert, überließ er die Realisierung George Martin und stellte diesen damit oft vor fast unüberwindliche Aufgaben.

Während der Zeit, in der ›Sgt. Pepper‹ aufgenommen wurde, befand John sich in einer Phase tiefer Depression: Zur Zeit von ›Pepper‹ war John der einzige, der harte Drogen nahm, die anderen rauchten nur Pot. Sicher entstanden viele Songs unter Drogen und ihrem Einfluss, doch wirkte sich das eher auf die halluzinative Grundstimmung und die psychedelische Musik aus als auf platte Andeutungen. »Bei ›Lucy‹, das schwöre ich zu Gott oder sonstwem, habe ich überhaupt nicht bemerkt, daß das die Anfangsbuchstaben von LSD sind«, stellte John klar. Der Songtitel entstand nach einem Bild, das Johns Sohn Julian gemalt hatte, die psychedelische Bilderwelt des Songs war deutlich Lewis Carrolls ›Alice im Wunderland‹ entlehnt, einem Buch, das John liebte. Die schwebende, surrealistische Atmosphäre des Songs allerdings hat die halluzinative Atmosphäre eines Drogentrips.

Auch wenn John und Paul vermehrt alleine Songs schrieben, arbeiteten sie immer wieder zusammen – am intensivsten bei ›A Day in the Life‹, einem Song, der eigentlich aus zwei getrennten Stücken bestand: »Man fängt mit dem Leckerbissen an, ›I read the news today, oh boy…‹, und wenn man dann festsaß oder die Sache schwierig wurde, quälte man sich nicht lange damit herum, sondern ließ es einfach liegen. Dann trafen wir uns, und ich sang ein paar Zeilen und er ließ sich davon inspirieren und schrieb den nächsten Teil und umgekehrt«, erläuterte John ihre Arbeitsweise.

Am 1. Juni 1967 erschien ›Sergeant Pepper's Lonely Hearts Club Band‹ in einem Cover, das auch optisch die Vielschichtigkeit des Werkes darstellte. Paul hatte die Idee dafür und kümmerte sich auch um die Umsetzung: Jeder der vier stellte eine Liste seiner Idole zusammen, und diese vereinigten sich als Background-Band. John listete Hitler und Jesus auf, doch bei beiden legte die EMI Protest ein, und so landeten sie letztendlich beide nicht auf dem Cover. Dafür aber Marihuanapflanzen.

Dass sie etwas Ungewöhnliches geschaffen hatten, war den Beatles bewusst, wie jedoch die Öffentlichkeit es aufnehmen würde, war ihnen nicht klar. »›Pepper‹ war schon ein Höhepunkt«, gab John zu. »Ich hatte schon ein gutes Gefühl, aber mir war nicht klar, ob die Platte vielleicht nur bei einer Minderheit auf Resonanz stoßen würde.« Er konnte beruhigt sein, in England verkauften sich in der ersten Woche bereits 250 000 Stück, das Album blieb 27 Wochen auf Platz eins der Charts. Darüber hinaus erhielt es rundum großartige Kritiken, setzte in jeglicher Hinsicht Maßstäbe als komplettes optisches und akustisches, inhaltlich geschlossenes Kunstwerk. Das aufwendig gestaltete Cover war ebenso revolutionär wie die surrealistischen Texte. Doch vor allem die Songs, deren ungeahnte Klangvielfalt das Album zu einem Meilenstein machte, waren es, die sogar Leonard Bernstein dazu bewegten, es als »zeitgenössisches Kunstwerk« zu preisen. Darüber hinaus wurde es aufgrund seiner optischen und musikalischen Vielschichtigkeit ausgiebig interpretiert.

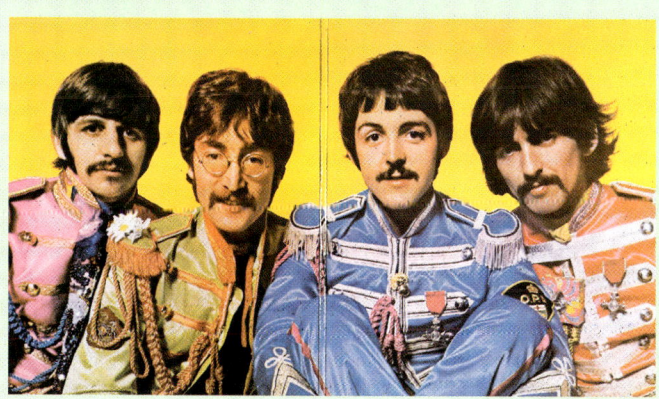

40 Die Beatles 1967
in der international
ausgestrahlten Show
›Our World‹

Freunde und Familienmitglieder wie Pauls Bruder Mike, seine
Freundin Jane Asher und Patti Harrison. Wie üblich konnte sich
John seinen eigenen Text nicht merken und las ihn während der
Übertragung vom Blatt ab. Zwei Wochen später wurde der Song
als Single veröffentlicht.

Im August stellte George Harrison begeistert fest, dass der indische Meditationslehrer und Guru Maharishi Mahesh Yogi in London weilte und Vorlesungen über die Transzendentale Meditation
hielt. Am Donnerstag, den 24.8.1967, besuchten alle Beatles seinen
Vortrag im Londoner Hilton Hotel. »Was einer von uns will, machen die anderen mit«, fasste Paul zusammen.

Die Lehre des Maharishis, ohne Drogen transzendentale Höhen
zu erreichen, begeisterte John. Die nächste Vorlesung des geistigen Lehrers war in Bangor, Wales, wo er einen Wochenendkurs in
TM gab. Die Beatles beschlossen, hinzufahren.

Für die Beatles war der Trip nach Bangor ein unglaubliches
Abenteuer, fast ein Akt der Befreiung. Fünf Jahre lang hatten sie
keinen Schritt ohne Begleitung gemacht, immer war Brian um sie
gewesen, hatte sich um alles gekümmert, hatten die Roadies Mal
und Neil ihnen sämtliche alltäglichen Unannehmlichkeiten und
Kleinigkeiten abgenommen. Jetzt waren sie zum ersten Mal auf
sich gestellt, kein Organisator, kein Aufpasser begleitete sie.

1967 war der »Summer of Love«. Im
Golden Gate Park in San Francisco
veranstalteten die Hippies »Be-Ins«
oder »Gatherings of the Tribe« (Themen, die heute übrigens von der
Techno-Szene wieder aufgewärmt
werden: Man denke an die jährlich
stattfindende »Love Parade« in
Berlin). Das erste fand am 14.1.1967

statt, meist gab es dazu Gratiskonzerte.
In der ersten Jahreshälfte zogen
ungefähr 100 000 Menschen in das
Viertel Haight-Ashbury in San
Francisco und lebten dort ihren
Traum von Liebe und Frieden im
»Zeitalter des Wassermanns«.

Mit dem Zug – begleitet von großem Medienrummel – reisten die Beatles, der Maharishi, Freunde und Familienangehörige am 26. August 1967 in Londons Euston Station ab. Zurück blieb – Cynthia. Sie blieb im Reportergedränge stecken, während der Zug sich vor ihren Augen entfernte, John aus dem Fenster sah, wild gestikulierend und brüllend, »sag ihnen, dass du zu uns gehörst«. Cynthia brach in Tränen aus, vor ihrem inneren Auge sah sie nicht nur einen Zug davonfahren, sondern ihr ganzes zukünftiges und vergangenes Leben – eine wahrhaft schicksalhafte Situation.

Ungewohnt war auch das Umfeld, dass die Beatles in Bangor vorfanden: Wie alle anderen auch schliefen sie in einem leeren Klassenzimmer auf Feldbetten.

Der erste Abend und der folgende Morgen vergingen in angenehmer Ruhe, die Beatles erhielten vom Maharishi persönlich ihr Mantra. Umso grausamer holte die Realität sie am nächsten Tag ein: Per Telefon erreichte sie die Nachricht, dass ihr Manager und Freund Brian Epstein am 27. August 1967 in seiner Wohnung in London gestorben war.

Die Beatles standen völlig unter Schock. Als der Maharishi von dem Schicksalsschlag erfuhr, bat er sie zu sich, bemühte sich um Trost. Er beschwor sie, nicht zu trauern, sondern fröhlich zu sein. Schwingungen voller Schmerz würden Brians Seele in dieser Welt zurückhalten, anstatt sie frei in die nächste Welt schweben zu lassen.

Als die Beatles mit den Tourneen aufhörten, war das gewissermaßen auch eine Trennung von Brian. Die Tourneen waren sein Leben gewesen, jetzt fehlte ihm eine Aufgabe. Darüber hinaus wurde offensichtlich, dass, als die gemeinsame Arbeit – die Tourneen und das Streben nach Erfolg – sie nicht mehr verband, er und die Beatles wenig gemein hatten, sie hatten andere Ansichten, andere Freunde, waren anderer Herkunft.

Maharishi Mahesh Yogi, geboren 1915, kam 1959 in die USA. Als Vermächtnis von seinem Lehrer Swami Brahmananda Saraswati brachte der studierte Physiker die Transzendentale Meditation mit. 1971 wurde die erste Maharishi-Universität in den USA gegründet, seit 1976 lehrt Maharishi zusätzlich das TM-Siddhi-Programm. Da die Politiker seine Bewusstseinstechniken zur Reduzierung von Stress nicht einführten, inspirierte Maharishi seit 1992 die Gründung von »Naturgesetzparteien« in 60 Ländern. Seine Botschaft: »Die Natur des Lebens ist Glückseligkeit, jedermann ist zur Freude geboren«. Er lebt seit 1992 in Holland.

Der Kontakt zwischen der Band und dem Manager ließ rapide nach. Von dem, was Brian bewegte, davon, wie er sein Leben lebte, wussten die Beatles wenig.

So sehr er sich auch bemühte, so sehr er es auch erhoffte, in ihren innersten Kreis wurde er nie aufgenommen. Zwar hatte Brian seine Firma NEMS weiter vergrößert, hatte eine Reihe anderer Künstler nach den Beatles erfolgreich aufgebaut, für ihn waren die Beatles aber immer »seine Jungs«, alle anderen Geschäft.

Dabei war Brian mit 32 Jahren ein Mann, der alles hatte, wovon ein junger Mann in diesem Alter träumen konnte: So viel Geld (laut damaliger Schätzung sieben Millionen Pfund), dass er für den Rest seines Lebens damit auskommen konnte, Charme, Ansehen, Ruhm, Freunde.

Doch Brian war melancholisch und oft depressiv. Er litt darunter, seine Homosexualität verheimlichen zu müssen, der Tod seines Vaters im Juli 1967 warf ihn zusätzlich aus dem inneren Gleichgewicht. Er nahm Schlafmittel, nahm Unmengen von Tabletten aller Art ein, ging bis in die frühen Morgenstunden aus und schlief bis mittags. An den Tabletten starb er schließlich auch, ob freiwillig oder nicht, lässt sich im Nachhinein nicht mehr klären. Allerdings hatte er wohl keine einmalige Überdosis genommen, wahrscheinlich war sein Tod das Resultat einer Ansammlung bedenklich großer Einzelmengen.

In der darauf folgenden Zeit verdrängte John die Erinnerung an und die Gefühle für Brian und die damit einhergehende Situation völlig aus seinem Leben, sagte »ich erinnere mich nicht mehr« und »mir sind viele Leute aus meiner Umgebung weggestorben«. Vielleicht genau aus diesem Grund – zu viele unwiederbringliche Verluste von Menschen, die ihm viel bedeutet haben (der Mutter, Stuart Sutcliffe) – verbannte er alles, was mit Brians Tod zu tun hatte, ins Reich des Nicht-mehr-Wissens, Nicht-mehr Erinnerns, abgeschottet, abgeblockt.

Der Maharishi sagte sowas Ähnliches wie »ach denkt nicht darüber nach, seid glücklich.« Dieser beknackte Idiot. So wie Eltern, »lächelt mal schön« – das war's. Und wir haben das auch noch gemacht.«

John über die Reaktion des Maharishi,
nachdem die Beatles über den Tod von
Brian Epstein informiert worden waren

Denn von allen Beatles war John derjenige, der Brian immer am nächsten gestanden hatte und den sein Tod am tiefsten traf. Auch nach dem Ende der Konzerte hatte er noch am meisten mit ihm zu tun gehabt. Als Brian in einer Rehabilitationsklinik in einer Schlafkur seine Abhängigkeit von Drogen und Pillen bekämpfte, schickte John ihm ein großes Blumenbukett mit einem Zettel, »You know I love you, I really do…«

Für John, so folgerte Paul, war mit Brian mehr als ein Manager und Freund verloren gegangen, vielleicht sogar ein Ersatz- und Übervater, jemand, an dem er sich orientierte, der seinem Leben Ordnung und Richtung gab. Danach, fand er, verlor John das Interesse an der Band.

Und so bemühte Paul sich, in die Lücke zu springen, die Brian hinterlassen hatte und die zu füllen niemand auch nur die geringsten Anstrengungen unternahm. Hätte John die Führerrolle wie gewohnt und selbstverständlich übernommen, wäre alles beim Alten geblieben, und vielleicht hätten auch die Beatles noch eine ganze Weile länger durchgehalten. Doch John war wie gelähmt, er war zu sehr verloren in seinen eigenen persönlichen Problemen, seiner Suche nach Sinn, nach Meditation, Liebe, Drogen, einem neuen Führer.

Die anderen aber, besonders Paul, waren nicht bereit, diese großartige Band einfach so auseinander fallen zu lassen. Paul glaubte an die Beatles, am Ende waren die Beatles für ihn wichtiger als für jeden anderen in der Band, und er übernahm die Führung, brachte Ideen und Energie ein, riss die anderen mit – und kämpfte dennoch auf verlorenem Terrain. Während John früher die Fäuste geballt und sich behauptet hätte, zog er sich jetzt einfach nur – kampflos und beleidigt, fast mimosenhaft – zurück: »Paul setzte sich an die Spitze und meinte, uns führen zu müssen. Aber was heißt schon führen, wenn man sich im Kreise dreht? Nachdem Brian tot war, brachen wir zusammen.«

> Ich war mit meinen eigenen inneren Schmerzen beschäftigt. Im Grunde habe ich davon [vom Auseinanderbrechen der Beatles] gar nichts mitgekriegt. Ich habe das alles einfach wie einen Job gehandhabt.
>
> *John Lennon*

Im Gegensatz zu Paul, der an Bestehendem festhielt, glaubte John an das ewig Neue. Wenn er etwas entdeckt hatte, das ihn interessierte und faszinierte, war er sofort und reuelos bereit, das Alte dafür hinter sich zu lassen oder wegzuwerfen.

Das Neue, was ihn zur Zeit aufwühlte und anzog, waren die häufigen Briefe und Karten der japanischen Avantgarde-Künstlerin Yoko Ono mit Botschaften wie »Atme«, »Tanze« oder »Betrachte die Lichter, bis der Tag vergeht«. Im September 1967 finanzierte er ihre Ausstellung »Half Wind Show« in der Untergrund-Galerie Lisson: Darin stellte Yoko ausschließlich halbe zersägte weiße Möbelstücke aus: ein halbes Bett, ein halber Stuhl, ein halbes Waschbecken, auf dem eine halbe Zahnbürste lag. Die zweite Hälfte, so ihre Idee, sollten sich die Zuschauer selbst dazudenken. John fand die Idee großartig und schlug vor, die andere, vorgestellte Hälfte in Flaschen aufs Regal zu stellen, was dann auch geschah.

Der Zerfall

Am 1. September 1967, vier Tage nach Brians Tod, trafen sich die vier Beatles bei Pauls in der Cavendish Avenue, um nachzudenken, wie es jetzt weitergehen sollte. Und entschieden, wie geplant, den Fernsehfilm ›Magical Mystery Tour‹ zu drehen.

Die Idee einer magischen Bustour ins Ungewisse (in England, bis auf den magischen Touch, nichts so Ungewöhnliches) kam von Paul. Er war und blieb die treibende Kraft hinter dem ganzen Projekt, Film und Platte. ›Magical Mystery Tour‹ wurde eine der verrücktesten Aktionen der Beatles. Nach zwei Filmen waren sie der Ansicht, sie wüssten jetzt genug über das Filmemachen – und legten selber los.

Als Mitte September 1967 die Dreharbeiten begannen, bestand das Drehbuch aus einem einzigen Blatt Papier, auf das ein Kreis mit verschiedenen Szenen gemalt war. Die Besetzungsliste war genauso knapp: »Leute im Bus: Reiseführer, Fahrer, vollbusige Hostess, Nat Jackley [ein Komiker, den John unbedingt dabei haben wollte], fette Frau, kleiner Mann, Jungs und Mädchen.« Darunter: »Miete einen Bus. Gelb!« Paul blätterte eine Ausgabe des Schauspielerfachblatts ›Spotlight‹ durch und besetzte die Rollen rein nach dem Aussehen. Das war's.

Und los ging's. Am 11. September verließ ein blaugelb bemalter Bus mit 43 Personen London, neben den Schauspielern und den Beatles waren noch vier Kameraleute, ein Tonmann, ein Techniker und mehrere Assistenten dabei. Vier Tage später war der Film im Kasten. »Wir haben die Geschichte erfunden, während wir unterwegs waren und drehten«, sagte Paul. Ideen wurden spontan und sofort umgesetzt. Johns Spaghetti-Szene etwa stammte aus

Mystery-Touren sind in England eine recht häufige Form der Überraschungsreise. Der Ausflug hat eine unbekannte Route zu einem ungewissen Ziel. Die Beatles fügten ihr ein »magisches Element« in Form von vier Zauberern hinzu.

41 Szene aus dem Film ›Magical Mystery Tour‹

einem Traum von ihm und wurde umgehend gedreht.

Im Gegensatz zum unzusammenhängenden Rest des Filmes waren sämtliche die Songs untermalenden Filme (nach heutigem Jargon Videoclips) starke eigenständige Kunstwerke, etwa die Aufnahmen zu Johns surrealistischem Song ›I am the Walrus‹ mit winkenden Menschen, Eierköpfen und Polizisten.

Zu Beginn des Projekts war es fast schwierig gewesen, John zum Songschreiben zu bewegen. »Paul hatte die Angewohnheit, einem plötzlich mitzuteilen, ›ok, meine zehn Songs sind fertig, jetzt wollen wir Aufnahmen machen‹«, beschwerte sich John. »Und ich sagte, ›meinetwegen, aber gib uns noch ein paar Tage, dann saug ich mir noch den einen oder anderen aus den Fingern.‹«

Am 26.12.1967, dem zweiten Weihnachtsfeiertag, wurde der Film um 20.35 Uhr in Schwarzweiß – Farbfernseher waren in England erst seit einem halben Jahr auf dem Markt – auf BBC 2 gezeigt. 15 Millionen Zuschauer, die sich auf eine nette Familienunterhaltung gefreut hatten, waren über das surrealistische, abgedrehte Potpourri empört – die Reaktion war vernichtend und reichte von »himmelschreiender Unsinn« bis »geschmackloser Quatsch«.

Kurz vor Weihnachten hatten die Beatles sich noch in eine weitere Unternehmung gestürzt: Die Gründung ihrer Firma Apple und die Eröffnung ihrer Boutique. Schon im April desselben Jahres, während der Produktionszeit von ›Pepper‹, hatte sich die Idee

I am the Walrus
I am he, as you are me and we are all together.
See how they run, like pigs from a gun, see how they fly, I'm crying.
Sitting on a cornflake, waiting for a van to come,
corporation tea shirt, stupid bloody tuesday.
Man, you've been a naughty boy, you let your face grow long.
I am the eggman, they are the eggmen,
I am the walrus, goo googa joog …

einer eigenen Firma entwickelt. Dafür gab es zwei Gründe: Steuerersparnis und Nachwuchsförderung. Die Firma Apple, die im April 1967 gegründet wurde, sollte fünf Abteilungen haben: Apple Records, Music, Films, Publishing, Electronics und eine Boutique.

> Ich bereue es nicht, ich fand es großartig. (...) Ich liebte diese Fish-and-Chips-Qualität von ›Magical Mystery Tour‹. Die Tatsache, dass wir mit einem Haufen Irrer loszogen und versucht haben, einen Film zu machen!
>
> *John über ›Magical Mystery Tour‹*

Am Montag, den 4.12.1967 um 20.16 Uhr war die offizielle Eröffnung der Apple Boutique in 94 Baker Street. Das Gedränge im Laden war so groß, dass der BBC-Kommentator ohnmächtig wurde. Die Design-Firma The Fool, die die Beatles bereits für die ›Our World‹-TV-Show eingekleidet hatte, sollte dort ihre ausgeflippten Klamotten ausstellen und verkaufen. Um dem Gebäude einen eigenen Charakter zu geben und es auf den ersten Blick von allen anderen Häusern der Straße zu unterscheiden, ließen sie von Kunststudenten ein riesiges Wandgemälde an die gesamte Gebäudeseite malen. Doch nach nur drei Wochen kam der offizielle Bescheid der Stadt, dass sie dieses wieder zu entfernen hätten.

So wie sie die Apple Boutique mehr oder weniger für ihre Freunde von The Fool ins Leben gerufen hatten, so starteten sie die Apple Electronics-Abteilung wiederum für einen anderen Freund, den jungen, ausgeflippten Griechen Alex Mardas, einen Elektroniker, spezialisiert auf verrückteste und absurde Erfindungen.

Ohne einen Fachmann an ihrer Seite zu haben, ohne jemanden, der wusste, wie man ein Unternehmen dieser Größenordnung aufzog, starteten die Beatles ihre größte geschäftliche Unternehmung. Die Jobs gingen an Freunde und alte Liverpooler Bekannte.

Die Finanzberater versprachen Steuerersparnis durch Apple, und zumindest damit hatten sie recht, denn durch die Firma besaßen die Beatles bald nicht mehr viel zu versteuern. Durch Apple floss

Ich bin er, so wie du ich bist und wir alle zusammen sind.
Schau, wie sie rennen, wie Schweine weg von der Knarre,
schau wie sie fliegen; ich weine.
Auf einem Cornflake sitzend auf den Laster warten,
Handelsgesellschafts-Tee-shirt, dummer blutiger Dienstag.
Mann, warst du ein böser böser Junge, lässt dein Gesicht lang wachsen.
Ich bin der Eiermann, sie sind die Eiermänner,
Ich bin das Walross, goo googa joog ...

das Geld in Strömen und versickerte in unzähligen Kanälen auf Nimmerwiedersehen.

Die Beatles wollten einen Traum verwirklichen, sie wollten Kreativität ermöglichen, ohne Künstler mit finanziellen Restriktionen zu belasten. Die Rechnung ging nicht auf – die Künstler waren größtenteils begeistert, eine Kuh entdeckt zu haben, die sich fast unbegrenzt melken ließ. Dazu kam, dass es zu den Zeiten von Love and Peace und Flower Power als schmutzig galt, Geld zu verdienen und nach dem finanziellen Nutzen zu fragen.

»Wir sind Künstler, keine Geschäftsleute«, hatte John Lennon gesagt, und genau so benahm er sich, unwillig, sich mit der geschäftlichen Seite der Firma zu beschäftigen.

Darüber hinaus waren auch die Beatles zuallererst einmal Künstler. Anfang Februar nahmen sie vier neue Songs für den Zeichentrickfilm ›Yellow Submarine‹ auf. In diesem wohl einzig wahren Pop-Art-Film veranschaulichte Zeichner Heinz Edelmann die poetische Botschaft von Love and Peace im Kampf der Beatles gegen die fiesen Blue Meanies. Die Beatles selbst hatten mit dem Film praktisch nichts zu tun, sie liehen ihren Comic-Charakteren noch nicht einmal die Stimmen, traten lediglich am Ende des Films für wenige Minuten auf, um das Publikum zu animieren, mit ihnen ›All Together Now‹ zu singen.

Mehr Interesse brachten sie spirituellen Themen entgegen. George hatte bereits im Januar eine Woche in Bombay verbracht und dort seine Musik für den Film ›Wonderwall Music‹ fertig gestellt. John nahm Anfang Februar den Song ›Across the Universe‹ auf, der sein spirituelles Verständnis komprimiert zusammenfasste.

Darüber hinaus waren die Beatles fast nie anwesend, um bei Apple die Geschäfte zu führen. Mitte Februar 1968 reisten alle mit ihren

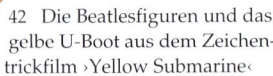

42 Die Beatlesfiguren und das gelbe U-Boot aus dem Zeichentrickfilm ›Yellow Submarine‹

Frauen nach Indien, in das Ashram des Maharishi nach Rishikesh am Ufer des Ganges. Das Leben in Rishikesh war spartanisch. Zwischen sieben und acht Uhr hieß es aufstehen, sich mit kaltem Wasser waschen, gemeinschaftlich frühstücken. John und George waren bereits Vegetarier, Paul, der später deren radikalster Vertreter werden sollte, hatte mit dem rein vegetarischen Essen damals noch Schwierigkeiten. Ringo ließ sich Rührei bereiten und hatte vorsichtshalber eine Dose Baked Beans mitgebracht.

Wie immer, wenn er etwas für sich neu entdeckte, stürzte John sich mit Feuereifer und ohne Maß hinein, meditierte tagelang am Stück, und als die anderen einmal ›sündigten‹ und mit einer Flasche indischen Weines einen draufmachten, waren John und George die einzigen, die sich nicht beteiligten. Um ungestört meditieren zu können, nahmen John und Cynthia sogar getrennte Zimmer. Oft sah das Ehepaar sich während des Tages nur zu den gemeinsamen Mahlzeiten. Für Cynthia waren die Tage in Indien eine Befreiung. Sie genoss jede Minute, blühte in der heiteren, freundlichen Atmosphäre auf und schöpfte wieder Hoffnung für ihre Beziehung. Was sie nicht wusste: John dachte an eine andere Frau; täglich kamen Briefe von Yoko.

Für alle Beatles war der Aufenthalt beim Maharishi eine immens kreative Zeit, fast alle Songs des ›Weißen Albums‹ entstanden dort. John komponierte am laufenden Band: ›Julia‹, ein Song für seine Mutter, ›Dear Prudence‹ (für die Schwester von Mia Farrow, die ebenfalls in Rishikesh war), ›Bungalow Bill‹, ›Mean Mr. Mustard‹, ›Cry Baby Cry‹, ›Polythene Pam‹, aber auch so zutiefst leidvolle und depressive Songs wie ›Yer Blues‹ und ›I'm So Tired‹.

An manchen Nachmittagen kamen die Musiker zusammen, und jammten auf ihren akustischen Gitarren. Donovan brachte John und Paul seine zupfende Art, Gitarre zu spielen, bei, die John gleich bei seinem neuen Lied ›Julia‹ verwendete. Selten verließen die »Jünger« das Camp, wenn, dann waren es oft magische Momente

In ihren Briefen schrieb sie Dinge wie »Ich bin eine Wolke. Halte am Himmel nach mir Ausschau«. Diese Briefe versetzten mich in Hochstimmung. In Indien sah ich dann nicht mehr die Intellektuelle, sondern nur noch die Frau in ihr.
John über Yokos tägliche Briefe

wie eine Fackelprozession oder ein Kinobesuch im Nachbardorf. Zum ersten Mal seit langem nahm John auch keine Drogen.

Ringo und seine Frau Maureen gingen nach zwei Wochen als Erste. Der bodenständige Ringo war einfach nicht der Typ für exotische Experimente, auch wenn er den Maharishi verteidigte und das Ashram lobte. Am 26. März verließen auch Paul und seine Verlobte Jane das Lager, mit dem Gefühl, die vergangenen fünf Wochen seien eine »gewinnbringende Erfahrung« gewesen. Nur John und George wollten den Kurs zu Ende bringen, zu ihnen stieß Magic Alex. Dieser befürchtete, seinen Einfluss über John an dessen neuen Guru zu verlieren und »begann, den Samen des Zweifels in sehr offene Köpfe zu säen«, kritisierte Cynthia. In ihren Augen trug hauptsächlich er die Schuld an der überstürzten Abreise der restlichen beiden Beatles.

Angeblich nämlich hatte der Maharishi Mädchen im Camp zu einem privaten Dinner eingeladen und ihnen sexuelle Avancen gemacht. Nach langen aufgeregten Diskussionen entschlossen die Verbliebenen sich, die Konsequenzen zu ziehen. Es lag an John, die Sache mit dem Maharishi zu regeln. »Ich war der Sprecher, das war immer so. Wenn die Drecksarbeit kam, musste ich den Führer mimen, was auch immer anlag.« Die Beatles gingen – die Taxis zur Abfahrt waren schon bestellt – also zum Maharishi und sagten: »Wenn du so heilig bist, wie du vorgibst, dann weißt du auch, warum wir gehen.« Zu einem wirklichen Gespräch kam es nicht, weder konfrontierten sie den Maharishi mit den Vorwürfen noch teilten sie ihm überhaupt mit, warum sie gingen. »Ich war wohl ganz schön brutal zu ihm.«

Verbittert und enttäuscht rechnete John in dem Song ›Sexy Sadie‹ (der ursprünglich sogar ›Maharishi‹ hieß, bevor George ihn dazu überredete, den Titel zu ändern) mit seinem einstigen geistigen Führer ab. Mehr denn je verlor er sich nach der plötzlichen Abkehr vom Maharishi in Drogen und Alkohol, schockierte Cyn-

> Ungefähr zur Maharishi-Zeit fing ich an, mich langsam, Stück für Stück wieder zusammenzusetzen, das lief über einen Zeitraum von zwei Jahren (…) Ich hatte das Gefühl, nichts tun zu können, und ich ließ die anderen Leute machen, was sie wollten (…) und von mir blieb nichts übrig, ich war ein Haufen Scheiße.
>
> *John*

thia mit Enthüllungen von seinen Seitensprüngen oder trommelte alle Beatles im Apple Office zusammen, um ihnen zu verkünden, dass er Jesus Christus sei.

Ende Mai 1968, die Beatles hatten mit den Aufnahmen am ›Weißen Album‹ begonnen und John war fast ständig im Studio, fuhr Cynthia mit Freunden in einen Urlaub nach Griechenland. John nutzte die Gelegenheit. Die japanische Künstlerin ging ihm nicht mehr aus dem Kopf, außer kurzen Treffen und dem Briefwechsel war bisher nicht viel geschehen. John rief sie an und lud sie zu sich ein: »Es war mitten in der Nacht. Als sie kam, wusste ich nicht, was ich sagen sollte. Ich nahm sie mit nach oben in mein Musikzimmer und spielte ihr alle meine Bänder vor, ein paar humoristische Sachen und elektronische Musik. Sie war sehr beeindruckt und sagte: ›Jetzt machen wir gemeinsam etwas‹, und so entstand ›Two Virgins‹. Wir fingen um Mitternacht an und arbeiteten bis zum frühen Morgen. Anschließend haben wir dann zusammen geschlafen. Es war wunderschön.«

Yoko blieb auch die nächsten Tage, und als Cynthia – verfrüht – überraschend nach Hause kam, wurde sie grausam mit der zwischenzeitlichen Entwicklung konfrontiert: Das Haus war leer, keine Haushälterin, kein Julian (er war bei der Haushälterin Dot). Stattdessen saßen inmitten des gigantischen Chaos aus dreckigem Geschirr John und Yoko friedlich auf dem Boden und meinten nur lässig »Hi«. Cynthia war vor den Kopf gestoßen und völlig schockiert, raffte hastig einige persönliche Dinge zusammen und floh für die nächsten Tage zu Freunden nach London.

Die Abkehr von Cynthia war für John auch die Abkehr von der bürgerlichen Welt, in die er sich freiwillig und wissentlich mit ihr begeben hatte. Seine Coolness, seine »Leck-mich…«-Haltung der

43 George Harrison, der Maharishi und John Lennon, Ende 1967

ganzen Welt gegenüber war es, die auch Cynthia anfangs angezogen hatte; seine ganze Art und Weise, sich zu geben und zu leben, war Ausdruck der Ablehnung jeglicher Konventionen und bürgerlicher Verhaltensmaßstäbe. Deshalb auch erstickte er in dieser bürgerlichen Welt, in der er sich seit Jahren befand. Es sollte sein einziger Versuch bleiben, ein normales Leben zu führen, innerhalb der Norm zu leben. Der Ausbruch war radikal, heftig und ultimativ und hieß Yoko Ono.

Yoko bestärkte ihn in seinen Ideen, seiner Vorstellung von der Welt, beflügelte ihn zu wilden Aktionen. »Du hast eine Idee, setz sie um«, lautete ihre Devise. Und John blühte auf. Endlich einmal war hier jemand, der seine Ideen nicht ständig mit Wenn und Aber zerpflückte, sondern der – wie früher Paul in musikalischer Hinsicht – sich damit auseinander setzte und ihn mit seinen Reaktionen ansporne.

Mit Begeisterung war John in Yokos Welt der Kunst eingestiegen und hatte sich mit ihr befasst, weil viele der dort gängigen Geisteshaltungen – kreative Spontaneität und die Prämisse »Alles ist Kunst« – der seinen entsprachen.

Gemeinsam starteten sie ihr erstes Projekt. Im Rahmen einer Ausstellung zeitgenössischer Skulptur hatten sie die Idee der Living-Art-Skulptur ›Acorns‹: »Unsere Skulptur soll zwei in den Boden gepflanzte Eicheln darstellen«, erläuterte Yoko. »Die eine weist in Richtung Osten, die andere in Richtung Westen. Sie sol-

44   Yoko und John im Jahr 1968

len Symbol unserer Begegnung und unserer Liebe sein, aber auch die Verschmelzung und das Aufstreben unserer beiden Kulturen verdeutlichen.« Als Symbol der Vereinigung von Ost und West sollte sie aber auch an den Frieden appellieren. Um das zu betonen, schickten die beiden an praktisch alle Politker der Welt Eicheln in der Hoffnung, »vielleicht wächst mit den eingepflanzten Eicheln auch die Friedensidee in ihren Köpfen«. »Einige Staatsoberhäupter haben ihre Eicheln tatsächlich eingepflanzt, und viele haben uns geschrieben, um etwas zu der Eichel-Aktion zu sagen.«

Nach einiger Irritation seitens der Ausstellungsleitung und vor allem des Pfarrers der Kathedrale von Coventry, auf dessen Gelände die Ausstellung stattfand – »Eicheln sind ja in Wirklichkeit keine Skulptur« –, pflanzten John und Yoko Mitte Juni das Symbol ihrer Liebe. »Das geschieht, wenn sich zwei Wolken begegnen«, schrieb John im Katalog über ihre gemeinsame »Plastik«.

Kurz darauf, anlässlich der Premiere des Theaterstückes ›In His Own Write‹, das auf seinen beiden Büchern basierte, zeigte John sich zum ersten Mal mit Yoko in der Öffentlichkeit. Am nächsten Tag waren die Zeitungen voll von Spekulationen, und die Reporter campierten vor der Wohnung der beiden. Für ein paar Tage flohen John und Yoko zu Paul in die Cavendish Avenue.

Am 1. Juli 1968 hatte John seine erste eigene Ausstellung ›You Are Here‹ (was sich natürlich auf Yoko bezog) in der Londoner Robert-Fraser-Galerie. Das Kernstück war ein weißes Segeltuch auf das John »You Are Here« geschrieben hatte. Am Eingang stellte er eine Reihe von Sammelbüchsen für die skurrilsten Zwecke auf, vom ›Verein für Hundeschutz‹ bis zu den ›Söhnen der Göttlichen Vorsehung‹. Zur Eröffnung wurden 165 Luftballons mit kleinen Zettelchen daran losgelassen: »You are here – please write to John Lennon c/o Robert Fraser Gallery«

Doch die Resonanz war herb: »Das ist keine Pop-Art, das ist Lolli-Pop!« Darüber hinaus setzten sich die meisten Schreiber

Das Frühjahr 1968 war von Studentenrevolten und daraus folgenden Straßenschlachten in Paris und Prag gekennzeichnet. Die junge Generation rebellierte gegen die veraltete Autorität der Herrschenden, es ging um Selbstbestimmung. Der Jugendprotest weitete sich zu Vorschlägen für eine Gesellschaftsreform aus. Am 13. Mai schlug die Studentenrevolte in Paris in eine Volksbewegung um. General de Gaulle beendete die Unruhen durch Appelle an das Volk. Im August 1968 rollten sowjetische Panzer in Prag ein, die kurze Phase der Hoffnung auf Menschlichkeit und Veränderung war vorüber. Die 68er veränderten die westliche Welt gründlich.

45 Die Beatles 1968

mehr mit Johns Privatleben als mit seiner Kunst auseinander, machten ihm Vorwürfe, dass er sich von Cynthia getrennt habe, dass er mit Yoko zusammenlebe und lange Haare habe. »Ich habe die Leute mit meiner Ausstellung wohl irgendwie vor den Kopf gestossen«, stellte John überrascht fest.

Nachdem Cynthia den ersten Schock überwunden hatte, gab es zwischen ihr und John eine Aussprache. Die Scheidung allerdings (und erstaunlicherweise den Anspruch auf das Sorgerecht für seinen Sohn Julian) reichte er aus sicherer Entfernung ein: Als Cynthia im Urlaub in Italien war. Denn so markig seine Sprüche in der Öffentlichkeit auch waren, so gerne er den starken, mutigen Mann spielte, in emotionalen Angelegenheiten war John ein großer Feigling. Wann immer eine Situation aufkam, die erforderte, dass er in direkter und offener Auseinandersetzung zu seinem Denken und Handeln hätte stehen müssen, entzog er sich dieser Situation. Kein persönliches Gespräch, kein Unter-vier-Augen, nein, ein Freund überbrachte ihr die Botschaft. Nicht einmal dazu hatte John den Mut, der Frau, mit der er seit knapp sechs Jahren verheiratet war und die er seit über zehn Jahren kannte, zu sagen, dass er sich von ihr trennen wollte. Cynthia blieb länger in Italien als geplant. Als sie zurückkehrte, zog sie mit Julian zu ihrer Mutter. Kaum eine Stunde zu Hause, erreichte sie das offizielle Scheidungsschreiben: John bezichtigte sie des Ehebruchs!

In der Zeit von Mai bis Oktober 1968 arbeiteten die Beatles konstant an dem sogenannten ›Weißen Album‹. Während der

Der Moment, den ich am meisten gefürchtet hatte, war da. Aber alles, was ich denken konnte, war, wie grausam und feige seine Handlung war. Aber ich kannte John gut genug, als dass es mich allzu sehr überrascht hätte. (…) John hatte sich entschieden, die Brücken hinter sich abgebrannt, und jetzt wollte er, dass alles so schnell wie möglich vorüber war.
Cynthia Lennon über Johns Einreichung der Scheidung

Aufnahmen zeigten sich die Spannungen zwischen den Mitglie-
dern immer deutlicher, die Atmosphäre wurde frostiger und ge-
reizter. Zunehmend forderte George Harrison auf den Platten mehr
Raum für seine eigenen Kompositionen (sein brillantes ›While My
Guitar Gently Weeps‹ erklärt warum) und verschwand, ohne den
anderen irgendetwas davon zu sagen, nach Griechenland. Mitte
August hatte sogar Ringo von der angespannten Atmosphäre,
den Streitereien und Pauls Kritik an seinem Drumspiel die Nase
voll und warf die Sticks hin.

Doch der wesentlichste Grund für die Verschlechterung der Atmosphäre war wohl Yokos ständige Anwesenheit. In einer Band,
die aus viel mehr als nur der Summe ihrer vier Einzelpersonen
bestanden hatte, nämlich aus einer Magie, die nur zustande kam,
wenn die vier ganz alleine sich aufeinander konzentrierten, wie
sie das die letzten sechs Jahre in extremem Maße getan hatten,
sorgte das für immer größer werdende Risse. Und nun trat jemand nicht nur ohne Erlaubnis, sondern auch noch ohne jeden
Respekt ein. Yokos Verständnis von Musik war ein völlig anderes
als das der Beatles. Sie kam aus der experimentellen Neuen Musik, hatte sich mit Komponisten wie dem avantgardistischen
Schönberg und dessen Schüler Anton von Webern auseinander
gesetzt und konnte mit der Musik der Beatles gar nichts anfangen, weil sie ihren Hörgewohnheiten nicht entsprach. Dass eine
Gruppe eine eingeschworene Gemeinschaft sein konnte und musste, um etwas Einzigartiges zu kreieren, sah sie nicht. Hier waren
Musiker, die machten Musik. Sie auch. Darüber konnte man reden.
Von einem Mythos um die Beatles hatte sie kein Bewusstsein. Und
auch kein Feingefühl, was den Umgang mit ihnen anging.

Dazu kam, dass John sich ganz offensichtlich keinen Deut darum
kümmerte, was die anderen von Yokos Anwesenheit hielten.

Zwar hatte jeder der vier in den vergangenen Monaten auch eigene Wege verfolgt – am radikalsten George mit der indischen

Die Musik der Beatles wurde zum Teil von einer spontanen Magie kreiert: Eine geradezu telepathische Sympathie für die musikalischen Emp-
findlichkeiten des anderen ermöglichte es ihnen, ihre Reaktion vorher-
zusehen, die Ideen des anderen nur vom Hören eines winzigen musikalischen Bruchstückes abzuschätzen wie auch die hermetische Sprache
von Zeichen und Schlagworten zu deuten, die Musiker entwickeln, wenn
sie lange miteinander spielen.
Barry Miles, der mehr oder weniger offizielle Paul McCartney-Biograf

›White Album‹

Als Kontrast zu der überbordenden Optik sowohl des ›Revolver‹ als auch des ›Sgt. Pepper‹-Covers entschieden sich die Beatles für ein weißes Klappcover, auf dem lediglich, auch in weißem Prägedruck, ›The Beatles‹ stand. Mehr als nur ein optischer Kontrapunkt war es auch Ausdruck der Reinheit, Helligkeit, Ruhe, die sie beim Maharishi empfunden hatten, war es das direkte Resultat ihrer spirituellen Reise.

Johns Songs spiegelten wie immer deutlich wieder, womit er sich als konstanter Fernseh- und Nachrichtengucker zu dieser Zeit beschäftigt hatte. ›Revolution‹ ist ein solches Beispiel. Grundsätzlich hieß John eine gewalttätige Revolution nicht gut. Ganz sicher aber war er sich nicht, und so entstanden schließlich zwei Versionen des Songs: Auf dem ›Weißen Album‹ war die zweideutige softere mit eindrucksvollen Bläsern zu finden, auf der er sang: »*but when you talk about destruction, don't you know that you can count me out/in*«. Als Single wurde die rockigere, härtere Version veröffentlicht, in der er sich gegen Gewalt aussprach.

Einer von Johns Lieblingssongs war auch ›Happiness is a Warm Gun‹. Der Satz stammte von dem Titelblatt einer Zeitschrift über Waffen. »Ich fand das eine absolut wahnsinnige Ausdrucksweise: ›A Warm Gun‹ bedeutet, dass du gerade etwas mit der Knarre erlegt hast.« Im Song versucht John die Gefühle eines Menschen nachzuvollziehen, dem ein solcher Satz aus der Seele spricht.

Ein typisch lennonesker, psychedelisch angehauchter Rückblick auf die letzten Jahre war ›Glass Onion‹, der unter anderem die Zeile »*The walrus was Paul*« enthielt: »Ich dachte, sag doch einfach mal was Nettes zu Paul, dass allen klar ist, dass er in all den Jahren tolle Arbeit geleistet und uns zusammengehalten hat. (…) da habe ich gedacht, ich will ihm irgendwie etwas sagen.«

Dabei arbeiteten John und Paul auf dem ›Weißen Album‹ zum ersten Mal nicht mehr auf ihre gewohnte Art und Weise zusammen, manche Songs des anderen hörten sie im Studio zum ersten Mal. Die Beatles waren Individualisten geworden, »mal spielte ich mit einer Begleitgruppe, mal Paul.« Zu dem Sologefühl des Albums kam hinzu, dass die Beatles am Ende der Aufnahmen, um zu gewährleisten, dass das Album rechtzeitig vor Weihnachten in den Läden stand, zeitgleich und dadurch zum Teil getrennt in beiden Abbey-Road-Studios arbeiteten.

Johns Bandbreite als Komponist reichte von dem bissigen Rocker ›Everybody's Got Something to Hide Except For Me and My Monkey‹ über die avantgardistische Soundcollage ›Revolution No. 9‹ bis zu dem sentimentalen ›Good Night‹, das er für Ringo schrieb.

Auch Paul überraschte auf dem Album mit zwei ungewöhnlichen Nummern: ›Helter Skelter‹, der härteste und dreckigste Song der Platte, stammte von ihm, ebenso wie das anzüglich-provokante ›Why Don't We Do It In The Road‹. Verständlicherweise war es Johns Lieblingssong auf dem Album, und er war etwas verletzt, dass Paul den Song praktisch im Alleingang ohne ihn aufgenommen hatte. Dafür hasste er Pauls Song ›Ob-La-Di, Ob-La-Da‹. Er kam zu spät zu den Aufnahmen, knallte sich vor das Klavier, fragte, in welcher Tonart sie seien, und begann sofort damit, die aggressive Klavierlinie zu hämmern, die der endgültigen Aufnahme ihre Energie gab.

Musik und Religion –, doch immer hatten sie sich bemüht, die anderen in ihre
Welt mit einzubeziehen. Jetzt verschloss John zum ersten Mal die Tür vor
seinen Freunden. Von einem Tag auf den
anderen war Yoko für ihn zum Mittel-
punkt seiner Welt geworden, und es
waren nicht mehr die Beatles

Den Gefühlen seiner besten Freunde
gegenüber war er blind und taub. Von
ihnen forderte er Verständnis, fand, dass
man Yoko doch einfach in die Band in-
tegrieren könnte. Völlig egoistisch lebte
er aus, was er in dem Moment glücklich entdeckt hatte, ob er andere damit
verletzte oder nicht, war ihm gleichgültig. Paul stand diesem Verhalten auch

46   John Lennon im Jahr
1968. Dieses Foto und je-
weils eines der anderen
Beatles lag dem ›Weißen
Album‹ bei.

deshalb so unverständlich gegenüber, weil seine große Liebe sich
völlig anders verhielt. Im Mai 1967 hatte er, anlässlich der exklusiven Plattenpräsentation von ›Sgt. Pepper‹, die Fotografin Linda
Eastman kennengelernt. Ein Jahr später sah er sie in New York
wieder, im Juli 1968 trennte er sich daraufhin von seiner Langzeit-
Verlobten Jane Asher. Ende September 1968 zog Linda zu ihm
nach London. Auch Linda besuchte die Band im Studio, machte
einige zurückhaltende Fotos. Linda und Paul legten Respekt, Distanz und Feingefühl an den Tag, etwas, woran John und Yoko es
völlig fehlen ließen.

Doch nicht nur der Druck im Studio zehrte an der Band, auch
die ungewohnte Aufgabe, eine Firma führen zu müssen und zu
sehen, dass dieses gründlich misslang, belastete die Beatles.

Und so war der Apple-Traum denn auch ziemlich schnell ausge-
träumt: Am 31. Juli 1968, nach acht Monaten, schlossen die Beatles

Linda Louise Eastman wurde am
24. September 1942 geboren. Ihr Vater
war ein einflußreicher Anwalt, der
Kunst sammelte. Als Linda 18 war,
kam ihre Mutter bei einem Flugzeug-
absturz ums Leben. Hals über Kopf
suchte Linda neuen Halt in ihrem
Leben, heiratete den Mitstudenten
Melvin See und bekam eine Tochter,

Heather (geboren 1963). Nach einem
Jahr trennte sich das Paar, Linda zog
nach New York und arbeitete als
Rock-Fotografin: Sämtliche Stars der
sechziger Jahre standen vor ihrer
Kamera: Die Rolling Stones, Jimi
Hendrix, Janis Joplin, Jim Morrison
und die Doors, die Beach Boys –
und schließlich auch die Beatles.

47 Das berühmte Apple-Label auf einer Beatles-Schallplatte.

die Boutique. Zwar hatten sich die Kleidungsstücke bester Nachfrage erfreut, nur leider verschwand das meiste davon ohne finanzielle Gegenleistung. In der kurzen Zeit hatte die Boutique 200 000 Pfund an Verlusten eingefahren.

Apple Records, gegründet im August 1968, war immerhin erfolgreicher. Der 23-jährige Peter Asher, der Bruder von Pauls Ex-Freundin Jane, wurde der A & R-Chef, verantwortlich für die Entdeckung und Förderung neuer Künstler, und entdeckte James Taylor. George nahm Jackie Lomax unter Vertrag; ihr Freund und persönlicher Assistent Mal Evans überredete sie, die Band Badfinger (damals noch The Iveys) bei Apple Records unter Vertrag zu nehmen. Paul schrieb mit ›Hey Jude‹ die erste Single, die auf dem neuen Label veröffentlicht wurde, und brachte gleich noch Mary Hopkins mit, die mit Pauls Komposition ›Those Were The Days‹ einen Nummer-eins-Hit in England landete und damit sogar ›Hey Jude‹ von dieser Position verdrängte.

Johns einziger Beitrag zu Apple waren die experimentellen Aufnahmen, die er mit Yoko machte – diese allerdings auf dem Zapple-Label. Im Gegensatz zu den anderen Beatles war er viel zu sehr an Yoko interessiert, um sich bei Apple zu engagieren.

Am 28. Oktober 1968, kurz vor Mittag, gab es für John und Yoko ein böses Erwachen: Vor der Tür stand die Polizei unter Leitung von Kommissar Norman Pilcher vom Rauschgiftdezernat von Scotland Yard. Das Haus wurde durchsucht, John und Yoko festgenommen und angeklagt: Illegaler Rauschgiftbesitz und vorsätzliche Behinderung der polizeilichen Durchsuchungsmaßnahmen. Erst am nächsten Tag wurden die beiden gegen Kaution freigelassen. Um Yoko zu schützen und ihre Ausweisung zu verhin-

Der Apple-Ableger **Zapple** sollte vor allem experimentelle Musik und das gesprochene Wort veröffentlichen. Jeden Monat sollte, wie ein Magazin, eine billige Sprechplatte herauskommen. Die Wunschliste schloss die Beat-Poeten ebenso wie politische Führer ein. Die Beatles schickten einen ganzen Stapel von ihren und Apple-Platten an Mao Tse-Tung, Indira Gandhi und Fidel Castro, erklärten ihnen die Idee ihres Labels und eröffneten ihnen die Möglichkeit, ihre Botschaft über eine Platte zu verbreiten. Die erste Veröffentlichung waren Johns und Yokos experimentelle Sound-Collagen ›Unfinished Music No. 2 – Life with the Lions‹.

dern, nahm John alle Schuld auf sich, gab zu, im Besitz von Canna-
bis gewesen zu sein, und zahlte eine Geldstrafe. Damit allerdings
war er vorbestraft, was ihm später noch Probleme bereiten sollte.

Anfang November stellte sich heraus, dass Yoko schwanger
war. Allerdings ging es ihr so schlecht, dass sie zu einer Bluttrans-
fusion ins Krankenhaus kam. John packte den Schlafsack und verbrachte die meiste Zeit bei ihr. Erst hatte er ein eigenes Bett, als
dieses jedoch benötigt wurde, schlief er im Schlafsack auf dem
Boden neben ihr. Unter anderem brachte er ein Tonband mit und
machte einige Aufnahmen, die ein halbes Jahr später unter dem
Titel ›Unfinished Music no. 2 – Life with the Lions‹ erschien, neben ›Zwei Minuten Stille‹ enthielt es Radiogedudel, eine Diskussion
zu dem Thema ›No Bed For Beatle John‹ und den Herzschlag des
Fötus. Am 21. November 1968 erlitt Yoko im Queen-Charlotte-
Hospital in London eine Fehlgeburt.

Am 29. November 1968 wurde das musikalische Ergebnis von
John und Yokos erster Nacht unter dem Titel ›Two Virgins‹ in
England veröffentlicht. Für das Cover hatten sie sich per Selbst-
auslöser fotografiert – splitternackt. Da die Plattenfirma protestierte und fürchtete, die Öffentlichkeit würde das auch tun, wurde
das Album in einer braunen Papierhülle ausgeliefert. Auf der
Rückseite des Covers waren einige Zeilen aus der Schöpfungsge-
schichte der Bibel (Genesis, Kapitel 2) abgedruckt, die mit den
Worten endeten: »Und sie waren beide nackt, der Mann und seine
Frau, und sie schämten sich nicht.« Für John und Yoko
war ihre erste gemeinsame Nacht in jeder Hinsicht
ein Schöpfungsakt gewesen, musikalisch und persönlich, die Schöpfung eines neuen John, einer
neuen Zeit, einer neuen Beziehung.

Die Begegnung mit Yoko begeisterte ihn immer wieder, die aufregende Welt der Avantgar-
de-Kunst, in der alles erlaubt und möglich war,

48 ›Two Virgins‹
John und Yoko
auf dem Cover
der gleichna-
migen LP.

in der seine Träume und Vorstellungen Gestalt finden konnten, regte ihn zu immer weiteren Ideen an. »Yoko hat mir von [Marcel] Duchamp erzählt und von dem, was er gemacht hat – das ist einfach unvorstellbar. Er nahm nichts weiter als das Rad von einem Fahrrad, stellte es auf einen Sockel und sagte, ›das ist Kunst, ihr Arschlöcher‹.« Das entsprach voll und ganz Johns Art zu sein, sich zu äußern, zu leben, sprach ihn und sein Verständnis von Kunst voll an. Mühelos fand er sich in ihre Welt ein, sprach auf Anhieb ihre Sprache und war unglaublich glücklich. »Sie lehrte mich wieder zu denken, zu verstehen, was mit mir geschehen war, und zu erkennen, warum es lächerlich war, so weiterzumachen.«

»Ich beschloss, die Gruppe zu verlassen, als mir klarwurde, dass ich künstlerisch von den Beatles nichts mehr zu erwarten hätte, hier dagegen war jemand, der mich zu Millionen von Sachen anregen konnte.« *The next big thing!* Immer musste es etwas Neues geben, was John begeisterte und anregte, in diesem Sinne waren auch die Beatles für ihn nur eine seiner vielen Phasen gewesen. Und wären es geblieben, wenn sie nicht zur größten Band aller Zeiten geworden wären. Dadurch – auch durch das nie nachlassende Interesse der Medien – wurde er gezwungen, sich auch in den folgenden Jahren permanent mit ihnen und seiner Vergangenheit auseinander zu setzen.

Yoko erkannte das und verstand es, sein Interesse an ihr immer wach zu halten, indem sie sich selber wandelte, ihn immer wieder überraschte und verblüffte.

Das Jahr 1968 beendeten John und Yoko mit einem Auftritt, am 11. Dezember 1968 spielten sie beim »Rolling Stones Rock'n'Roll Circus«, einem BBC-Fernsehspecial, das allerdings nie ausgestrahlt wurde. In einem Zirkus mit Tieren, Clowns und Akrobaten rockten und jammten viele Musiker, die in den sechziger Jahren wegweisend waren: Mitch Mitchell von der Jimi Hendrix Band, Eric Clapton von Cream und Keith Richards von den Rolling Stones.

Am Anfang schien es, als ob Yoko ihn durch ihre Liebe befreit hätte, befreit von falschen Wert- und Rollenvorstellungen. Aber John wurde von Yoko, die ihm ›Freiheit‹ gegeben hatte, in starkem Maße abhängig. John hatte das Gefühl, ohne sie nicht mehr leben zu können, es war eine Ersatzfreiheit und eine Zeit lang lebte er nur noch durch sie.«
Anthony Fawcett, Ende der 60er Jahre
Johns persönlicher Assistent

Das Ende

Um die Band wieder enger zu verbinden, schlug Paul eine kleine Tour, einen Club-Gig oder wenigstens eine einstündige Live-Fernsehshow vor. Schließlich hatten sie an der Live-Aufnahme von ›Hey Jude‹ doch alle Spaß gehabt.

Daraus wurden die Aufnahmen zu ›Let it be‹, bei denen es sich ursprünglich um Proben für ein später stattfindendes Live-Konzert handelte. Seit über zwei Jahren hatten sie nicht zusammen gespielt, und entsprechend holprig ging es anfangs zu. Doch dann konnte sich die Band mit dem »zurück zu den Wurzeln«-Gefühl anfreunden und beschloss, ein »ehrliches Album« zu machen, ohne Tricks, Overdubs und technischen Schnickschnack, den sie mit ›Sgt. Pepper‹ so grandios perfektioniert hatten. George brachte lediglich den bei allen vieren beliebten Billy Preston zu den Sessions mit, um dem Sound mehr Fülle zu geben.

Im Januar 1969, nur elf Wochen nach dem problembehafteten ›Weißen Album‹, gingen sie wieder ins Studio, nahmen ›Get Back‹ und kurz darauf Johns Song ›Don't Let Me Down‹ auf.

Gelegentlich arbeiteten John und Paul wieder, wie an ›I've Got A Feeling‹, eng zusammen, an guten Tagen nahmen sie fünf Songs auf. Dennoch standen die Aufnahmen unter keinem guten Stern.

Es schien, als sei Paul der einzige, dem noch etwas an der Band lag, und dass, je mehr er sich anstrengte, er die anderen umso mehr vergraulte. Darüber hinaus ging es ihm sehr nahe, dass seine Beziehung zu John sich in Luft auflöste: »John war die ganze Zeit mit Yoko zusammen, und unsere Beziehung begann zu bröckeln. John und ich gingen durch eine sehr angespannte Periode. Der Bruch der Beatles war bereits im Begriff, und ich war ein

---

Paul wollte, dass wir auf Tour gehen oder irgendetwas in der Art. George und ich moserten sofort los: »Grummel… wir haben keine Lust, uns lächerlich zu machen«, und so weiter. Paul hat alles organisiert, und es gab große Diskussionen darüber, wo es hingehen sollte, und lauter solche Sachen, aber ich ließ mich einfach so mitschleppen. Ich hatte inzwischen Yoko, und es interessierte mich alles einen Scheißdreck. Und die anderen im Grunde auch. Ich war die ganze Zeit angeknallt…

John

Nervenbündel. Für mich persönlich war es eine sehr schwierige Zeit.«

Schnell hatte sich herausgestellt, dass es wohl doch keine Tour geben würde, und so schlug Paul vor, ein einzelnes Konzert zu veranstalten und die Proben, die Entstehungsgeschichte der Songs, des Albums und letztendlich das Konzert in Form eines Dokumentarfilmes festzuhalten: In einer riesigen kalten Halle im Twickenham Film Studio wurde gedreht, wie das Album entstand und aufgenommen wurde – nicht gerade die ideale Atmosphäre, um als Band wieder zueinander zu finden.

Mit dem Konzert auf dem Dach des Apple-Büros in der Savile Row gingen am 30.1.1969 die Aufnahmen zu ›Let it be‹ zu Ende, was anschließend mit den Bändern geschah, interessierte keinen der vier im Mindesten. Sie drückten das Resultat ihrer Arbeit dem Toningenieur Glyn Johns in die Hand – George Martin hatte sich, abgestoßen von dem Kleinkrieg in der Band, aus den Aufnahmen völlig herausgehalten.

Die finanziell immer angespanntere Situation bei Apple belastete die Band zusätzlich. »Apple macht jede Woche Verluste, wenn das so weitergeht, sind wir alle in sechs Monaten bankrott«, hatte John fatalistisch in einem Interview mit dem Fachmagazin ›Disc and Music Echo‹ bemerkt. Und erhielt darauf einen Anruf vom Manager der Rolling Stones, Allen Klein. Beim »Rolling Stones Rock'n'Roll Circus« hatten sie sich schon einmal die Hand geschüttelt, jetzt witterte der rührige, wache Klein, der das Interview gelesen hatte, seine Chance, rief John an und schlug ihm ein Treffen vor. Seit Jahren hatte Klein die Karriere der vier verfolgt, immer war es sein höchster Ehrgeiz gewesen, einmal die größte Band der Welt zu managen.

Den Beatles wiederum war schon seit einiger Zeit klar, dass sie ohne einen Manager, ohne eine leitende übergeordnete Hand mit Sinn für ihre geschäftlichen Angelegenheiten, nicht weitermachen

Allen Klein wurde 1931 in Newark geboren. Einen Gutteil seiner Kindheit verbrachte er im Waisenhaus. Im Uppsala College brillierte er durch sein Gefühl für Zahlen und Buchhaltung. Er machte sich mit einem Musikverlag selbständig, managte die Girlgroup The Shirelles und den Sänger Sam Cooke und erwarb sich einen Ruf als findiger Finanzberater. 1965 wurde er Berater der Rolling Stones, für die er einen gigantischen Vorschuss aushandelte.

konnten. Über ein Jahr lang hatten sie sich seit Brians Tod alleine durchgeschlagen, sich bemüht, ihr verzweigtes Imperium mit der Hilfe verschiedenster Berater und einzelner Geschäftsführer selber zu leiten und dabei nur erkannt, dass sie einen Manager brauchten.

Genau in dem Moment trat Allen Klein auf den Plan, und John verabredete – ohne Wissen der anderen – am 27.1.1969 ein Treffen mit ihm im Dorchester Hotel. Allen Klein hatte seine Hausaufgaben gut gemacht, er kannte sich bei den Beatles perfekt aus. Mehrere Stunden lang unterhielt John sich mit ihm und war begeistert. Also machte er sofort Nägel mit Köpfen. Innerhalb von wenigen Stunden hatte John Lennon entschieden, diesem Mann, über den er bisher nur viele Gerüchte und meist keine guten, gehört hatte, sein Millionenvermögen und all seine persönlichen Businessangelegenheiten anzuvertrauen! John verließ sich dabei völlig auf seinen Instinkt.

Menschliches Verständnis war für ihn die wichtigste Basis aller Beziehungen, auch in geschäftlicher Hinsicht. Und bei Allen Klein hatte John Lennon von Anfang an das Gefühl, auf einer Wellenlänge mit ihm zu sein. Andererseits … John Lennon hatte sich in den letzten Jahren nicht unbedingt durch großartige Menschenkenntnis hervorgetan, hatte sich von vielen anderen Apple-Künstlern ausnehmen und vom Maharishi blenden lassen.

Die anderen Beatles fühlten sich von Johns Vorstoß etwas überfahren. Um Klärung in die Angelegenheit zu bringen, kam es zu einem gemeinsamen Treffen der Beatles mit Allen Klein sowie mit dem von Paul als Manager bevorzugten Lee Eastman (Pauls Schwiegervater in spe) und dessen Sohn John, zwei angesehenen New Yorker Rechtsanwälten. Doch schon nach wenigen Minuten lief das Gespräch völlig aus dem Ruder, »als Lee Eastman plötzlich so eine Art epileptischen Anfall bekam und Allen anschrie, er sei die mieseste Ratte der Welt und lauter so hübsche Dinge. Allen saß da und schluckte alles runter… «

Er wusste über jede Einzelheit bei uns Bescheid. Er kannte jeden einzelnen Vertrag und jede Vereinbarung, die bei uns existierte. (…) Er ist ein unheimlich intelligenter Typ, er erzählte mir, was gerade bei den Beatles ablief und was mit meiner Beziehung zu Paul und George und Ringo los war. (…) Und wenn mich jemand so gut kennt – ohne mich jemals gesehen zu haben – dann musste er ein Typ sein, dem ich mich anvertrauen konnte.

John über Allen Klein

Damit war die Sache für John gelaufen. Von so einem Mann würde er sich nie und nimmer vertreten lassen: Wenn er etwas hasste, waren es Arroganz, Snobismus und Überheblichkeit!

Paul beurteilte die Situation anders, fand John geradezu unglaublich naiv und gutgläubig, merkte an, dass im Business andere Gesetze gelten als in der Musik und dass auch andere Motive wie Gier eine Rolle spielen. Was John an Allen Klein anzog, sein animalischer Instinkt, seine gefühlsmäßige, aggressive Art Geschäfte zu machen, stieß Paul ab. Er vertraute den nüchternen, distanzierten und emotionslosen Anwälten, die in rationaler Analyse und Überlegung zu ihrem Urteil kamen.

Dennoch, eine wirklich offene und klare Auseinandersetzung zwischen Paul und John hatte zu diesem Thema nie stattgefunden. »Wir sind nie so weit gekommen, die Sache durchzusprechen.« Wahrscheinlich fürchteten beide, die Geschäfte würden die Band kaputt machen. Und so entschied Paul irgendwann, »wende dich an meinen Anwalt, ich habe keine Lust mehr, noch weiter übers Geschäft zu reden«.

Am 3. Februar 1969 unterzog Klein die finanziellen Angelegenheiten der Beatles einer Prüfung. Anschließend stimmten drei Beatles für Klein, nur Paul war nach wie vor dagegen, beugte sich aber zwangsläufig dem Urteil.

Lee und John Eastman wurden kurz darauf offiziell die Anwälte der Beatles, waren somit ebenfalls im Boot und konnten Klein auf die Finger gucken. Der räumte zuerst einmal bei Apple auf, feuerte Leute und strich Abteilungen, um den ständigen immensen Geldabfluss zu stoppen. Er bemühte sich darum, den Beatles-Song-Katalog Northern Songs zurückzukaufen und schloss schließlich einen großartigen Vertrag für ihre USA-Verkäufe ab:

50 Paul McCartney mit der Fotografin Linda Eastman, die er 1969 heiratete. Das Bild entstand im selben Jahr.

Unter der Voraussetzung, dass bis 1976 jeweils zwei LPs pro Jahr von der ganzen Gruppe oder auch von einem Einzelnen erscheinen, erhielten sie 25% des Großhandelspreises.

In der Zwischenzeit hatten die Beatles eine Rohfassung ihrer ›Let It Be‹-Aufnahmen erhalten, ungeschliffen, holprig, ohne Atmosphäre, ohne Schwung. »Ich hätte es nicht schlecht gefunden, die beschissene Version herauszubringen, weil die Beatles daran zerbrochen wären, der Mythos wäre zerbrochen. Das sind wir ohne Hosen und ohne bunten Glanzdruck auf dem Cover und ohne einen Rest von Hoffnung. (…) könnten wir das Spiel also nun bitte beenden!« sagte John bissig. Doch so schnell beendeten sie das Spiel nicht, und auch die Platte kam so nicht heraus. Im Gegenteil! Ausgerechnet John Lennon holte den amerikanischen Produzenten Phil Spector dazu, der seit seiner Arbeit mit den Girlgroups der sechziger Jahre als eine Art musikalisches Wunderkind gefeiert und auch von John sehr bewundert wurde.

Spector unterlegte die rauhen ungeschliffenen Aufnahmen mit Chören und Streichorchester und gab den Songs damit oft einen völlig anderen Charakter. Im Gegensatz zu John war Paul damit überhaupt nicht einverstanden. Er tobte, als er das Ergebnis hörte. Vor allem auch, weil Spector sich ohne sein Wissen an seinen Songs vergriffen hatte und zwei seiner großartigsten Kompositionen, ›Let It Be‹ und ›The Long and Winding Road‹, mit Frauenchören und Orchestersound in seinen Augen völlig verfremdet hatte.

Das Resultat der Auseinandersetzung war, dass die Bänder in den Keller des Studios wanderten und dort über ein Jahr lang ungenutzt liegen blieben.

Am 2. März 1969 stellte John sich zum ersten Mal auch musikalisch der Avantgarde-Szene: Beim Free-Jazz-Konzert in Cambridge trat er mit Yoko neben einer Reihe internationaler Free-Jazz-Größen auf. Für John eine enorme Herausforderung. Also hockte er sich zu Yokos Füßen, mit dem Rücken zum Publikum, reckte

Wir setzten ihn [Spector] vor einen Haufen Scheiße, wie es das vorher noch nie gegeben hatte – schlecht aufgenommener Mist ohne das geringste Feeling – und er machte etwas daraus. Er hat großartige Arbeit geleistet. Als ich es hörte, ging es mir gleich besser …

John über die Arbeit des Produzenten
Phil Spector für das Album ›Let It Be‹

seine Gitarre in ekstatischen Bewegungen zum Mikrofon oder schlug sie so dagegen, dass es zu ohrenbetäubenden Klängen kam. »Das Konzert war schaurig schön«, schrieb die Cambridger Zeitung. »Nicht im negativen Sinne, sondern weil das ungewöhnliche Klangbild und die rauhe Melodie einfach faszinierten. Wer dieses nachvollziehen wollte, konnte das auf Johns und Yokos zweiter Langspielplatte tun, »Unfinished Music no. 2 – Life with the Lions« erschien am 9. Mai 1969 .

Am 12. März 1969 gaben Paul und Linda sich im Marylebone Registry Office das Jawort, acht Tage später, am 20. März 1969, heirateten John und Yoko in Gibraltar. »In früheren Epochen wurde der Felsen auch symbolisch ›Das Tor zur Welt‹ genannt. Die Welt außerhalb war unerschlossen, ein Geheimnis – diese symbolische Bedeutung gefiel uns, und auf den Felsen gründeten wir unsere Beziehung.«

Statt zu Flitterwochen entschlossen die beiden sich zu einer ihrer ungewöhnlichsten Aktionen, dem Bed-In. Zwei Tage nach der Hochzeit bezogen sie die Präsidenten-Suite 902 des Amsterdamer Hilton Hotels, um dort eine Woche lang von 10 Uhr morgens bis 10 Uhr abends im Bett liegend für den Frieden zu demonstrieren. Normale Flitterwochen hätten sie aufgrund der Pressebelagerung sowieso nicht genießen können.

Und so saßen sie also, ganz in weiß, von Blumen und Plakaten mit den Aufschriften »Hair Peace«, »Bed Peace« umgeben, im Bett und redeten mit jedem, der sie besuchte, über den Frieden. Die ganze Weltpresse trat sich in ihrem Zimmer die Füße platt, alle mit der heimlichen Hoffnung, es würde irgendetwas Spektakuläres passieren – ›John und Yoko machen vor den Augen der Welt Liebe‹ war ihre Traum-Schlagzeile –, bei den beiden konnte man schließlich nie sicher sein, was passieren würde.

Die Friedenskampagne war nicht nur eine einmalige Idee, von April bis Dezember 1969 galt Johns ganze Energie dieser Bot-

Wir saßen ganz friedlich in Pyjamas da und sagten »Peace Brother« und das war alles! Das ist die beste Idee, die wir je hatten. (…) Das war wie eine Tournee, nur dass man sich nicht von der Stelle bewegte.

John zum Bed-In

51 John und Yoko
beim Bed-In im Hil-
ton in Amsterdam

schaft. Im Apple-Büro gaben er und Yoko ein Interview nach dem
anderen, manchmal mehr als 15 an einem Tag. Darin erläuterte
John sein Weltbild und seine politischen Ideen.

Die Leute schreiben, was ich sage, und ich sage, Frieden. (…)
Um gehört zu werden, wirkte Christus Wunder. Das Wunder, das
uns heute möglich ist, liegt in den Medien, benutzen wir sie doch!
(…) Wir haben Geld, wir sind bekannt, und deshalb nutzen wir
unseren Ruhm und unser Geld, um für den Frieden zu werben.
(…) Henry Ford wußte, wie man durch Werbung Autos verkauft.
Ich verkaufe Frieden, und Yoko und ich sind eine große Werbekampagne. (…) Ich will den Leuten klarmachen, dass sie selbst die
Macht in den Händen haben. (…) dass der einzelne Mensch in der
Lage ist, für sich selbst einzustehen. Wir brauchen keine zentrali-
sierte Regierung, keine Vaterfiguren und keine Führerpersönlich-
keiten. (…) Die Regierung ist eine Erfindung, die meines Erach-
tens nicht funktioniert.« Immer sprach er sich für Gewaltlosigkeit
aus: »Dadurch, dass jemand lächelt und ihm anschließend jemand
ins Gesicht schlägt, verliert nicht das Lächeln seinen Sinn.«

Die Geschichte der Suche nach einem ungewöhnlichen Hochzeitsort und
den folgenden Flitterwochen erzählte John in dem Song ›The Ballad of
John and Yoko‹. Und kreuzte dazu zum letzten Mal in Pauls Haus in
London auf, um den Song mit ihm gemeinsam fertig zu stellen. Direkt
danach gingen sie ins Studio, John wollte das Stück, das ganz aktuell die
turbulenten Ereignisse der letzten Zeit musikalisch einfing, so schnell
wie möglich veröffentlichen. Und so sang und spielte er die akustische
und die Leadgitarre, während Paul die Backgroundstimme sang, Drums,
Bass, Piano und Maracas spielte. Am 30. Mai wurde der Song als erste
Beatles-Single in Stereo veröffentlicht.

Wenn es um seine Botschaft und den Frieden ging, war John Feuer und Flamme. Der desinteressierte, gleichgültige John, den Paul und die Beatles während der Plattenaufnahmen zu sehen bekamen, war ein völlig anderer als das Energiebündel, das Johns persönlicher Assistent Anthony Fawcett täglich erlebte. Es war offensichtlich, John Lennon war wieder in seinem Element, er fühlte sich wohl, strahlte und sprühte. Im Studio gab er sich lediglich Mühe, fügte er sich dem Druck der Ereignisse ohne wirklich interessiert oder bewegt zu sein, dort war er faul, passiv und träge, ohne Elan und Idee. Ganz anders in seinen eigenen Angelegenheiten: Gleich beim ersten Treffen mit Fawcett »sprudelte es nur so aus ihm [John] heraus. Er erzählte mir 30 oder 40 verschiedene Ideen, die er hatte, und sagte auch gleich dazu, wie er sie verwirklichen wollte.«

Neben dem Engagement für den Frieden widmeten John und Yoko sich weiterhin experimentellen Filmen. In ›Rape‹ (Dt.: ›Vergewaltigung‹) verfolgt ein Kamerateam ein x-beliebiges Mädchen auf der Straße durch die ganze Stadt, über einen Friedhof, bis in ihre Wohnung – eine Vergewaltigung, ein Eindringen und Aufdrängen der etwas anderen Art. Weitere Filme waren ›Self Portrait‹, ein Film, der eine Erektion von John im Zeitlupentempo zeigte, und Johns erster Farbfilm ›Apothesis‹, in dem die Kamera, ausgehend von einer Zeitlupeneinstellung von John und Yoko, durch die Wolken der Sonne entgegenschwebt.

Am 22. April 1969 änderte John auf dem Dach des Apple-Gebäudes in offizieller Zeremonie vor einem Notar seinen Namen: Von John Winston Lennon in John Ono Lennon.

Ende Mai schlugen sie ihr Friedenslager in Montreal auf, wo sie mit ihrem Gefolge ins ›Queen-Elizabeth-Hotel‹ zogen. Zehn Tage blieben sie dieses Mal im Bett, gaben abermals unzählige Interviews und bemühten sich auch, von dort aus telefonisch Radio-

Yoko hat meinen Namen angenommen, ich ihren. Einer für beide, beide für jeden von uns. Wir haben jetzt zusammen neun Os. Das bedeutet Glück.

John

sender in Amerika zu kontaktieren, um ihre Friedensbotschaft dort zu verbreiten. Die USA selbst hatten ihnen nämlich die Einreise verweigert.

Am letzten Wochenende des Bed-Ins wurde der Song ›Give Peace A Chance‹ im Hotelzimmer auf einem tragbaren Achtspurgerät aufgenommen. Den Chor bildeten Entertainer Tommy Smothers, Drogenpapst Timothy Leary mit seiner Frau, Rabbi Feinberg und Hare-Krishna-Anhänger.

›Give Peace A Chance‹ wurde die erste Single der neu gegründeten Plastic Ono Band, einer Band, die nicht wirklich, sondern nur als Konzept existierte. »Die erste Anzeige war eine Fotografie, die einige Plastikstücke, ein Tonband- und ein Fernsehgerät zeigt. (…) Es war Yokos Idee einer reinen Robotergruppe. (…) Die erste Annonce war eine Seite aus dem Londoner Telefonbuch, und zwar die, auf der nur der Name Jones aufgelistet war. Die wurde in [der Musikzeitschrift] NME und allen Zeitungen abgedruckt, zusammen mit dem Plastikzeugs.«

Im August 1969 kauften John und Yoko Tittenhurst Park in Ascot, ein Anwesen im King-George-Stil mit 320000 m² Grundstück und 26 Zimmern. Bei dem alten, von außen düsteren Haus hatten John und Yoko innen Wände herausbrechen lassen und die Räume großzügig, hell und weiß gestaltet. Im Obergeschoss hatten sie einen riesigen Raum für sich, der komplett leer war, bis auf eine große Matratze, von der aus man auf den künstlichen See im Park blicken konnte. In der ehemaligen kleinen Privatkapelle richtete John ein Tonstudio ein. Eine ganze Heerschar Angestellter kümmerte sich um das Anwesen und seine Besitzer: Gärtner, Hausmeister, Haushälterin, Chauffeur, Sekretär …

Am Nachmittag des 12. September 1969 erreichte John ein Anruf aus Toronto mit einer Einladung, das am folgenden Tag stattfindende Rock'n'Roll-Festival in Toronto als Gast zu besuchen. Alle seine Idole würden da sein, Little Richard, Chuck Berry,

In meinen geheimsten Wünschen wollte ich etwas schreiben, das ›We Shall Overcome‹ ablösen kann. Vielleicht weil das der Song war, den sie bei der Gelegenheit [bei Friedensmärschen] immer gesungen haben. Ich dachte, warum schreibt nicht jemand einen Song für die Leute von heute.
John Lennon über ›Give Peace A Chance‹

Jerry Lee Lewis. »Ich komme«, sagte John, »aber nur unter einer Bedingung, dass ich mit meiner Band live spielen darf.« Ein Wahnsinn! Das fing damit an, dass John erstens keine Band hatte, zweitens – von wenigen kurzen Auftritten abgesehen – seit drei Jahren kein richtiges Livekonzert gegeben hatte und drittens das Konzert am nächsten Tag (!) stattfinden würde.

John aber fand die Idee großartig und stürzte sich mit Feuereifer in die Vorbereitungen. Die bestanden zuerst einmal aus der Zusammenstellung einer Band, die bereit war, am nächsten Abend mit ihm ins 3000 Meilen entfernte Toronto zu fliegen: Eric Clapton, Klaus Voormann und Sessiondrummer Andy White fielen ihm ein. Am nächsten Morgen um zehn Uhr sollten alle Musiker am Flughafen sein. »Die nächste Frage war, was diese so schnell zusammengewürfelte Band an Stücken bringen sollte. John war das nicht allzu wichtig. Mit dem Gedanken, während der sechs Stunden im Flugzeug noch üben zu können, entwarf er nur eine kleine Liste mit seinen Stücken. Am meisten Sorge machte es ihm, den Text zu behalten – sogar seine eigenen Texte. Er bat mich daher, das erst kürzlich geschriebene ›Cold Turkey‹, die beiden Oldies ›Money‹ und ›Blue Suede Shoes‹ sowie ›Give Peace A Chance‹ in Großbuchstaben aufzuschreiben«, erinnerte sich sein Assistent Anthony Fawcett.

Alles schien glatt zu gehen. »Am darauf folgenden Morgen, nachdem die gesamte Ausrüstung in wirrer Hast zusammengetragen worden war, erschienen alle auf dem Flughafen – außer Eric Clapton [den sie am Vorabend nicht mehr erreicht hatten] und den beiden Lennons!« Die hatten ihre Meinung gerade wieder geändert, lagen noch im Bett und schliefen. »Schick ihnen ein Telegramm und einen Strauß weiße Blumen und sag ab«, sagte John. Doch Fawcett kannte ihre Launen und brauste nach Tittenhurst Park: »Gerade in diesem Augenblick wollte es der Zufall, dass Eric Clapton anrief, um John zu sagen, dass alles in Ordnung

Eric Clapton (geb. 1945) spielte in den 60er Jahren zunächst bei den Yardbirds, danach mit dem Bluesrocktrio Cream (1966 bis 1968), einer der ersten Rockgruppen, die es wagte, durch Claptons ausgedehnte Gitarrensoli den üblichen Rahmen der Songs von 3 Minuten zu sprengen. Der bis heute sehr populäre Musiker und Harrison-Freund spielte auch das Gitarrensolo von ›While my Guitar Gently Weeps‹ auf dem ›Weißen Album‹.

sei, er würde sich schon riesig auf den Auftritt freuen. Jetzt war alles vergessen, John sprang in Windeseile aus dem Bett, um sich seinen Bühnenanzug auszusuchen.«

Mit der nächsten Maschine flog die komplette Band also drei Stunden später wirklich nach Toronto. Über den Wolken ging John mit seinen drei Musikern die Stücke durch, die er spielen wollte, auf akustischen Gitarren klimperten sie miteinander herum, probten anschließend vor Ort in der Garderobe noch einmal mit elektrischen Verstärkern. Erst jetzt wurde John nervös. Auf der Bühne merkte man ihm davon nichts an. Die Band spielte eine Mischung aus alten Rock'n'Roll-Standards und aktuellen Lennon-Songs. Und die Menge tobte, entzündete Kerzen, sang, klatschte und tanzte mit. Yoko bestritt den zweiten Teil des lennonschen Programms. »Als sie genug hatte, hörte sie einfach auf, ging weg und wir ließen alle Verstärker an. (...) Ich habe noch fünf Minuten irgendwas gespielt ...«, bis jemand die Verstärker abgedrehte.

Das ›Live Peace in Toronto‹-Konzert (unter diesem Titel erschien der Spontanauftritt sogar als Platte) war eine typische Lennon-Aktion: Spontan, völlig unvorbereitet, nur getragen von Johns unglaublicher Energie. So wie er sich als Jugendlicher einfach mit einer Gitarre in der Hand und ohne diese wirklich spielen zu können, mit seinen Quarrymen auf einen Laster gestellt und losgelegt hatte, so spielte er jetzt mit drei Musikern, praktisch ohne Proben, vor einem riesigen Publikum live. Und nicht genug damit, er brachte das Ganze anschließend sogar noch als Platte heraus.

Kurz darauf, Ende September, während eines Beatles-Meetings im Apple-Büro, entschloss John sich daher, ein Kapitel seines Lebens endgültig zu beenden. Auf sämtliche Vorschläge Pauls, die Zukunft der Band betreffend, reagierte er ablehnend. »Irgendwann kam natürlich der Punkt, an dem ich etwas sagen mußte. Paul sagte, ›was meinst du‹? Und ich sagte, ›ich meine, es ist vorbei mit der Gruppe, ich steige aus.‹«

Ich war unglaublich nervös. Ich habe mich stundenlang vor meinem Auftritt übergeben. Um ein Haar hätte ich noch bei ›Cold Turkey‹ gekotzt. (...) Ich konnte kaum einen Song singen, ich war bis zum Rand voll mit Shit. (...) Das Lächerliche war, dass ich überhaupt keine Texte mehr konnte. Bei ›Money‹ und ›Dizzy Miss Lizzy‹ habe ich einfach drauflosgesungen, was so gerade kam. Die Band hinter mir spielte wie der Teufel.

John Lennon über den Spontanauftritt
der Plastic Ono Band in Toronto

›Abbey Road‹

Im Juli 1969 begannen die Aufnahmen zum Beatles-Album ›Abbey Road‹, die erstaunlich harmonisch verliefen. Sogar George Martin, der bei ›Let it be‹ nicht dabeigewesen war, ließ sich dazu überreden, zurückzukommen.

Auch Yoko war natürlich wieder anwesend. Sie und John hatten bei einem Urlaub in Schottland einen Autounfall gehabt, und Yoko musste im Bett bleiben – folgerichtig wurde ein Bett im Studio aufgebaut.

Mit Johns großartigem Rock-Song ›Come Together‹ eröffnete das Album. Die erfolgreichste, herausragendste Komposition des Albums aber stammte von George Harrison: ›Something‹. Ironie des Schicksals: Immer hatten Lennon/McCartney gehofft, Frank Sinatra würde einmal einen ihrer Songs singen. Als er sich schließlich für einen Beatles-Song entschied, war es ausgerechnet Harrisons ›Something‹, laut Sinatra »der großartigste Love-Song der letzten fünfzig Jahre.«

Die zweite Seite des Albums besteht fast ausschließlich aus einem Song-Medley. Der Grund: viele Lieder waren einfach noch nicht komplett fertig, und so reihten die Beatles die kurzen Songstückchen einfach hintereinander, was dem Medley einen ganz besonderen Reiz gibt. ›The End‹ hieß bezeichnenderweise der letzte Song des letzten Albums, das die Beatles machten! Um dem Ganzen die Spitze und mögliche Ernsthaftigkeit zu nehmen, fügten sie, nicht auf dem Cover aufgeführt, ›Her Majesty‹ an, Pauls kleines witzig-freches Liedchen an die Queen.

Johns ›I Want You (She's So Heavy)‹ handelt von Yoko. »Wenn es ernst wird‹, so sagt sie immer, ›wenn dir das Wasser bis zum Hals steht, dann bringst du keine höflichen Sprüche mehr, nach dem Motto, ich wäre unendlich dankbar, wenn jemand freundlichst zur Kenntnis nehmen würde, dass ich im Begriff bin, zu ertrinken und dringend Hilfe brauche. Dann schreist du einfach.‹ Und in ›She's So Heavy‹ habe ich einfach geschrien: ›I want you, I want you so bad, it's driving me mad‹.«

Am 20. August 1969, bei den Aufnahmen dieses Songs, waren alle vier Beatles zum letzten Mal gemeinsam im Studio.

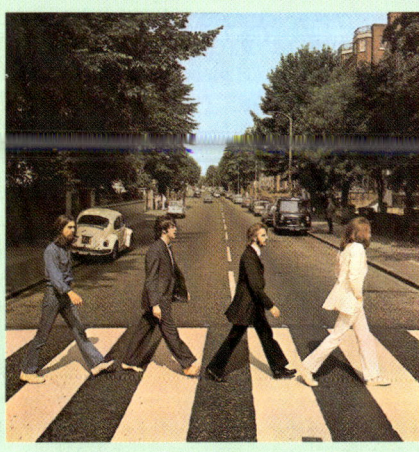

Doch wirklich den allerletzten Schritt zu machen und das Ende unausweichlich und öffentlich zu verkünden, traute sich auch John nicht. Und so ließ er sich von Allen Klein dazu überreden, über seine Entscheidung erst einmal Stillschweigen zu bewahren. Trotz allem hing auch er noch an der Gruppe. Schließlich war es seine Band! Schließlich hatte er die Hälfte seines Lebens mit ihnen verbracht, die entscheidendsten und einschneidendsten Erfahrungen seines Lebens mit ihr gemacht. Diese Band nun auf einen Schlag zu zerschneiden, brachte nicht einmal der coole Lennon fertig. In nachfolgenden Interviews erging er sich in Anspielungen und Andeutungen, doch klare Worte machte er nicht.

Immer wieder verglich John die Trennung von den Beatles mit einer Scheidung, bezeichnete die Band als seine »wahre Ehe, die für mich erstickender wurde als mein häusliches Leben. Auch wenn ich oft genug darüber nachgedacht hatte, fehlte mir der Mut, den Bruch früher zu machen.«

Als sei nichts geschehen, erschien am 26.9.1969 ›Abbey Road‹.

In den ganzen letzten Jahren waren die Drogen Johns ständige Begleiter geworden, ein- bis anderthalb Jahre zuvor hatte er zum ersten Mal auch zu Heroin gegriffen. »Ich hab's mir nie gespritzt. Wir haben ein bißchen geschnupft, wenn es uns dreckig ging.« Im Herbst 1969 ging er durch die Hölle des Entzugs. Musikalisch setzte er dieses essentielle Erlebnis in dem Song ›Cold Turkey‹ um, den er am 30. September 1969 aufnahm: »Das ist kein Song, das ist ein Tagebuch.«

Im November 1969 konnte John endlich eine lang gehegte Idee realisieren: Der Queen seinen MBE-Orden zurückzuschicken. »Den Plan habe ich mehr als ein Jahr mit mir rumgetragen. Ich wartete auf den richtigen Augenblick.« Der war jetzt gekommen, England mischte sich in den Nigeria-Biafra-Bürgerkrieg ein.

Den größten Spaß machte ihm die Formulierung des beigefügten Briefes: »Ihre Majestät! Aus Protest gegen die englische Einmi-

Am 30. Mai 1967 verkündete die unabhängige Republik **Biafra** die Abspaltung von Nigeria. Hierauf reagierte die Zentralregierung in Nigeria mit einer Wirtschaftsblockade und drohte mit militärischer Niederwerfung. Am 6. Juli begann einer der grausamsten Kriege im postkolonialen Afrika, bei dem vermutlich zwei Millionen Menschen getötet wurden oder verhungerten. Die Sowjetunion und Großbritannien versorgten die Zentralregierung in Nigeria mit Waffen und machten sich an diesem Völkermord mitschuldig. 1970, keine 3 Jahre nach seiner Unabhängigkeitserklärung, kapitulierte der westafrikanische Staat Biafra.

schung in die Nigeria-Biafra-Sache, gegen unsere Unterstützung Amerikas in Vietnam und gegen das Abrutschen von ›Cold Turkey‹ in den Charts sende ich Ihnen diesen MBE-Orden wieder zurück. In Love, John Lennon.«

Ein Fahrer brachte den Brief in einem einfachen weißen Umschlag in den Buckingham Palace. Eine Kopie ging an den Premierminister in der Downing Street. Eine Stunde später kam die öffentliche Presseerklärung aus dem Apple-Büro: Ganz in Schwarz gekleidet verlas John vor laufenden Fernsehkameras seinen Brief, abends konnte er seine Erklärung in den Sechs-Uhr-Nachrichten sehen. Der MBE war für ihn das Symbol, dass er sich hatte kaufen lassen, Teil des Establishments geworden war, das er so verachtete. Jetzt war er froh, das Ding los zu sein, und fühlte sich freier.

Mit dem politischen Hintergrund aber war es ihm durchaus ernst. Seine Weihnachtsbotschaft hieß: »War is Over – If You Want It«, »Der Krieg ist aus – wenn du es willst!« Niemand sollte sich aus der Verantwortung ziehen. Es waren Menschen, die einen Krieg führten, es waren also auch Menschen, die einen Krieg verhindern konnten. Dazu kam es auf das Engagement eines jeden an. Mit dieser Aufforderung starteten John und Yoko eine gigantische Werbekampagne. »War Is Over – If You Want It – Happy Christmas, John und Yoko« plakatierten sie riesengroß an den Knotenpunkten der zwölf wichtigsten Städte der Welt und auf Zehntausenden von Postern.

Mitte Dezember traten sie außerdem bei einer Wohltätigkeitsveranstaltung der Welthungerhilfe der Vereinten Nationen, ›Frieden für Weihnachten‹, mit der gigantischen Plastic Ono Supergroup auf. Mit dabei: Andy White, Klaus Voormann und George Harrison. Letzterer erschien erst kurz vor dem Konzert, mit Eric Clapton, Keith Moon, Billy Preston und der gesamten Bonnie-und-Delanie-Band im Schlepp.

Wenn es mehr Politiker wie Trudeau gäbe, hätte die Welt Frieden … Sie wissen gar nicht, wie gut sie es in Kanada haben.
John nach seinem Treffen mit dem kanadischen Premierminister Trudeau

Kurz vor Weihnachten, am 22.12.1969 um 11 Uhr morgens, fand sogar ein einstündiges Treffen mit dem kanadischen Premierminister Trudeau im Parlamentsgebäude statt. John und Yoko waren ungeheuer nervös. Sie sprachen über Musik, Trudeau erwähnte Johns Bücher und Gedichte, es ging um die Jugend, den Generationskonflikt und natürlich den Frieden, den Anlass, aus dem John ihn aufgesucht hatte. John war begeistert.

Daneben hatte John ein anderes Medium entdeckt, in dem er sich kreativ ausleben konnte. Sein Assistent, der ehemalige Kunststudent und -kritiker Anthony Fawcett, hatte ihn mit der Lithografie in Berührung gebracht, und John war von den ersten Resultaten – einer Kollektion seiner erotischen Zeichnungen, die unter dem Titel ›Bag One‹ in einer weißen Ledertasche erschienen – begeistert. Ein zweites Set mit sehr intimen Zeichnungen, die John und Yoko bei verschiedenen Liebesakten zeigten, wurde Ende 1969 fertiggestellt. Die erste Ausstellung von Johns erotischen Lithografien fand im Januar 1970 in einer Londoner Kunstgalerie statt. Schon am zweiten Tag beschlagnahmte die Polizei acht Lithografien mit der Begründung, sie seien pornografisch. Eine Einschätzung, der sich der Richter jedoch nicht anschließen konnte. Kurz darauf, im Februar 1970, wurde die Sammlung in der Lee-Nordness-Galerie in New York ausgestellt. Sogar Salvador Dali, der immer wieder erwähnte, dass er gerne einmal mit John zusammengearbeitet hätte, und ihm als Gruß sogar ein spontan erstelltes Gemälde schicken ließ, erschien mit seinem zahmen Ozelot zur Eröffnung. Trotz des Erfolges und der positiven Resonanz verlor John nach der ersten Euphorie das Interesse an der Lithografie. Eine zweite geplante Serie mit Arbeiten zum I-Ching erschien nie.

Johns erster Song der siebziger Jahre war ›Instant Karma‹. Schon mit der Melodie im Kopf wachte er morgens »in heller Aufregung auf und schrie wie ein Kind, er habe ein neues phantastisches Stück im Kopf«, erinnert sich Fawcett.

Lithografie ist ein Steindruckverfahren, bei dem als Druckform eine feinporige Platte aus Schiefer verwendet wird, die die Eigeschaft hat, Wasser und Fett aufzusaugen.

Anschließend musste das Stück sofort aufgenommen werden! Ab ging's nach London. Auf dem Weg dahin fiel ihm ein, dass im Apple-Büro kein Klavier vorhanden war, er aber ganz dringend (…) eines brauchte. (…) Vom Wagenfenster aus entschied er sich für das am besten aussehende Piano in der vordersten Reihe eines Musikladens und gab seinem Chauffeur Anweisungen, hineinzugehen, es zu kaufen und so schnell wie möglich an Apple liefern zu lassen. Für 18 Uhr war das Studio gemietet, Phil Spector und einige Musiker aufgetrieben, um 19 Uhr begannen die Aufnahmen.

Die Tatsache, einen Song innerhalb von 12 Stunden geschrieben und auf Platte umgesetzt zu haben, versetzte John in Hochstimmung. Er liebte solche spontanen und schnellen Aktionen. Wenn er eine Idee im Kopf hatte, musste sie Wirklichkeit werden, möglichst sofort! Etwas, womit er George Martin, der das Ganze meist ausbaden musste, oft zum Wahnsinn trieb. Mit Phil Spectors Art zu arbeiten dagegen kam er besser hin.

Am 6. Februar erschien die Single, am 12. Februar trat John damit, begleitet von der Plastic Ono Band, sogar bei ›Top of the Pops‹ im britischen Fernsehen auf. Fünf Jahre war es her, seit er das zuletzt getan hatte – damals hatten die Beatles ›We Can Work It Out‹ und ›Day Tripper‹ gespielt –, und er hatte richtig Spaß daran: »Ich mag den direkten Kontakt zum Publikum.« Yoko kam ebenfalls mit auf die Bühne, saß da und strickte. »Ihr Beitrag zu diesem Ereignis, an Stelle einer Rauchbombe oder bunter psychedelischer Beleuchtung, war, zu stricken.«

Ein halbes Jahr lang hatte der merkwürdige Schwebezustand um das unausgesprochene Ende der Beatles angehalten, monatelang hatten sowohl Paul als auch John bei Interviews auf die Frage nach dem Fortbestand der Beatles drum herum geredet. Auch untereinander hatten sie keinen Kontakt seit dem Tag, an dem John Paul deutlich gesagt hatte, dass die Band für ihn beendet war, hatten sie nicht mehr miteinander gesprochen.

Bevor ich überhaupt dazu kam, das Frühstückstablett vor ihn hinzustellen, sprang er schon aus dem Bett, zog den weißen Bademantel an und stürmte hinunter in die Küche zum Klavier. (…) Fast auf der Stelle nahm das Lied Gestalt an, die Musik floss nur so aus ihm heraus, während er auf ein kleines Blatt Papier den Text kritzelte. Von allen Küchenwänden hallte die Botschaft … *»why are we here – surely not to live in pain and fear«.*
Anthony Fawcett über Johns Idee zu ›Instant Karma‹

Im April 1970, eine Woche vor der Veröffentlichung seines ersten Soloalbums, ließ Paul die Bombe platzen. »John liebt Yoko und nicht mehr uns drei«, sagte er schlicht und einfach in einem Interview mit dem ›Evening Standard‹. Eine weitere Erklärung, in Form eines Interviews, wurde als Pressetext zum Album rausgeschickt. Darin antwortete er auf die Frage, ob er eine Zeit sehe, in der die Lennon-McCartney-Songwriting-Partnerschaft wieder aktiv werde, mit einem glatten »Nein«. Damit hatten die Beatles im Frühjahr 1970 aufgehört zu existieren.

Kurz zuvor, am Morgen der Veröffentlichung, rief er John an und erzählte ihm, was lief. Dann kamen die Zeitungen mit ihren Nachtausgaben. John war stinksauer: »Ich habe geflucht, dass ich es nicht selbst so gemacht habe. Ich hätte es machen sollen.« Sein Argument: »Ich habe die Band gegründet, ich löse sie auf!« Jetzt hatte, zumindest nach außen, Paul diesen Part übernommen.

Und ihn auch noch geschickt mit der Veröffentlichung seines Soloalbums verbunden. Um die Erscheinungstermine der beiden Alben, des McCartney-Soloalbums und ›Let It Be‹, die nur drei Wochen auseinanderlagen, gab es noch heftigen Streit in der Band. Am 17. April 1970 hatte Paul sein Soloalbum ›McCartney‹ veröffentlicht, am 8. Mai 1970 erschien das letzte Album der Beatles mit dem bezeichnenden Titel ›Let it be‹ (was im Englischen übrigens nicht ›laß es sein‹, sondern ›laß es geschehen‹ bedeutet).

Am 20. Mai fand die Premiere des Films ›Let it be‹ im ›London Pavilion‹ statt – keiner der Beatles war anwesend. Der Film machte den Grund deutlich, er zeigte den Zerfall einer Band.

Auch um diesen Film, den Paul mehr oder weniger im Alleingang fertiggestellt hatte, hatte es in der Band Streit gegeben. Vor allem John war wütend über das Resultat : »Der Film ist von Paul für Paul gemacht worden. (…) Die ganze Kameraführung war darauf ausgerichtet, Paul zu zeigen und sonst niemanden. Und so habe ich mich auch gefühlt dabei. (…) Und der Gipfel war, dass

Paul war damit der letzte der Beatles, der sich solo betätigte. George Harrison hatte neben dem Filmsoundtrack ›Wonderwall Music‹ bereits im Mai 1969 das experimentelle Album ›Electronic Sounds‹ aufgenommen. Und selbst Ringo hatte im September 1969 mit den Aufnahmen zu seinem ersten Solo-Album ›Sentimental Journey‹, einer Ansammlung amerikanischer Evergreens begonnen, das eine Woche nach Pauls Solo-Werk, am 24.4.1970 erschien.

die Leute, die den Film geschnitten haben, so taten, als sei Paul der Gott und wir nichts weiter als hübsches Beiwerk. (…) Ein paar Einstellungen von Yoko und mir haben sie einfach aus dem Film herausgeschnitten.« Dass kindische Aufrechnereien wie diese überhaupt ein Thema waren, zeigt, wie sehr die Beatles sich als Personen voneinander entfernt hatten. Sie hatten einander verletzt und waren verletzt worden, wie bei einer Scheidung wurde nun schmutzige Wäsche gewaschen.

Ausgerechnet für dieses, ihr schwierigstes und am meisten zusammengestoppeltes Werk erhielten die Beatles übrigens – wohl eher stellvertretend für ihr Lebenswerk – einen Oscar und einen Grammy in der Kategorie ›Beste Filmmusik‹.

54   Das Plattencover der LP ›Let It Be‹

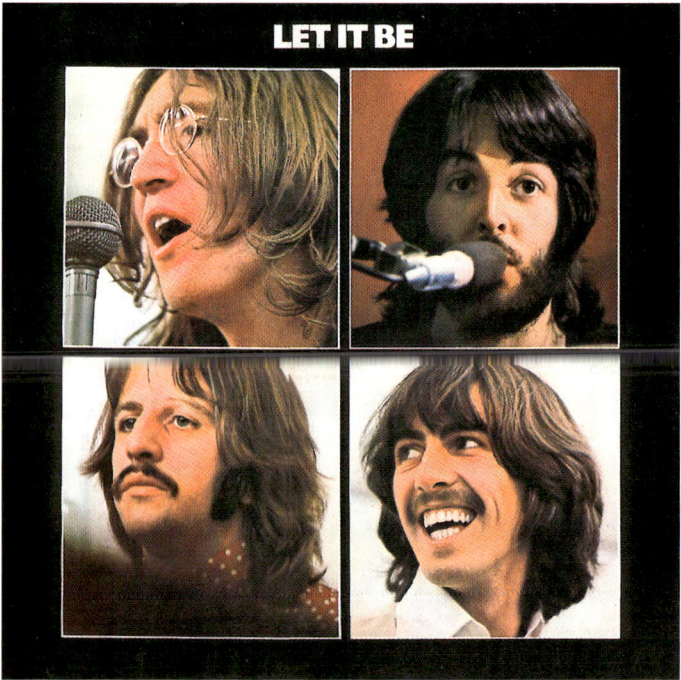

Neuanfang

Das Ende der Beatles wurde für John zum Anfang von etwas Neuem. Radikal unterzog er sich fast einer Art »Wiedergeburt«. Unter den Büchern, die ihm von diversen Quellen zugeschickt wurden, war eines, das seine besondere Aufmerksamkeit erregte: Arthur Janovs ›Der Urschrei – ein neuer Weg der Psychotherapie‹. Darin vertrat der Autor die Auffassung, dass das Wissen um frühkindliche Verletzungen, das Reden darüber und Analysieren derselben, nicht ausreiche, um sie wirklich zu heilen, um Neurosen abzubauen und den innerlich verletzten Menschen zu einem »ganzen« Menschen werden zu lassen. Seine Theorie, die er bereits in dreijähriger praktischer Arbeit untermauert hatte, war, dass Menschen kritische Situationen wieder *durchleben*, wieder *fühlen* müssen, dass sie nach Vater und Mutter schreien, ihre Urängste und essentiellen Bedürfnisse formulieren müssen (»Papa, hilf mir«, »Mami, halte mich!«), um diese zu beseitigen: »Entscheidend sind die frühen Gefühle den Eltern gegenüber. Wenn sie empfunden werden, wird das die Neurose und die Übertragung beseitigen.«

John war begeistert, so vieles von dem, was Janov immer wieder an beispielhaften Fällen erläuterte, sprach ihn an, so vieles davon hatte er am eigenen Leib erfahren, konnte er aus der Erinnerung nachvollziehen. Er rief Janov an, und im März 1970 kam der Psychologe nach London, um eine Therapie mit John und Yoko in ihrem Haus in Tittenhurst Park zu beginnen. In den 24 Stunden vor der Therapie waren John und Yoko zum ersten Mal seit zwei Jahren getrennt und allein. Yoko blieb in ihrem Schlafzimmer, John im halb fertigen Studio.

Der Psychologe **Arthur Janov** arbeitete ursprünglich als psychiatrischer Sozialarbeiter und Psychologe nach der auf Freud aufbauenden Gesprächstherapie. Seine Ausbildung hatte er in einer Freudianischen psychiatrischen Klink und anschließend einer Abteilung der Kriegsteilnehmerfürsorge erhalten. Mehrere Jahre arbeitete er in einem Kinderkrankenhaus in Los Angeles. 1967, nach siebzehnjähriger Praxis als Therapeut Freudscher Richtung, machte er die revolutionäre Entdeckung der ›Urschrei‹-Therapie (*Primal Scream Therapy*). Nach eingehenden Forschungen gründete er 1970 das ›Primal Institute‹ in Los Angeles.

Nach einer Woche zogen beide nach London, wohnten aber in getrennten Hotels; jeden Tag hatte Janov während des ersten Teils der Therapie jeweils eine Sitzung mit John und eine mit Yoko.

Nach den drei intensiven Einzeltherapiewochen reisten John und Yoko für vier Monate nach Los Angeles, um dort, im Institut für Primärtherapie, mit der Gruppentherapie fortzufahren.

Wie üblich war John anfangs von der Therapie so begeistert, dass er sogar bereit war, einen Werbespot für Janov zu machen und darin zu sagen, »Das ist *die* Sache«. Doch er überlegte es sich schnell anders: »Ich finde die Therapie nach wie vor großartig, aber ich will vermeiden, dass daraus wieder so eine große Maharishi-Sache wird.«

Im August kehrten John und Yoko in ihr Haus in Tittenhurst Park zurück. Bei John hatte sich der extreme Prozess, dem er sein Innerstes unterzogen hatte, so geäußert, dass er während des Aufenthaltes über 30 Songs mit sehr persönlichen Texten geschrieben hatte: »Ich habe mich nicht hingesetzt und gedacht, ich schreib jetzt mal was über meine Mutter (…) Die Songs sind einfach gekommen. Die besten Sachen entstehen auf diese Weise. (…)«

Kaum kehrte er aus Los Angeles zurück, ging John auch schon ins Studio, um sie aufzunehmen. Zuerst arbeitete er alleine mit Yoko, unterstützt von Ringo Starr, Billy Preston und Klaus Voormann. Doch irgendwann stockte die Arbeit, und John holte – wie schon bei ›Let It Be‹ – Phil Spector als Produzenten dazu.

Phil war eines seiner großen Jugend-Idole gewesen, Songs, wie ›To Know Her Is To Love Her‹ war einer seiner Favoriten, auch gefielen ihm die bombastischen Teenie-Opern der von Spector produzierten Girlgroups. Dennoch ließ er Spector bei der Produktion nicht freie Hand, hatte selbst ganz genaue Vorstellungen davon, wie die Songs klingen sollten. Somit klangen auch die Plastic Ono-Songs, an denen er beteiligt war, völlig anders als Phils bisheriges eigenes Werk: Von Spectors magischem ›Wall of Sound‹

Die Urschrei-Therapie gibt uns die Möglichkeit, Gefühl dauerhaft zu empfinden, und diese Gefühle bringen dich normalerweise zum Weinen. Das ist alles. Vorher habe ich bestimmte Sachen abgeblockt. Wenn die Gefühle sich durchsetzen, fängt man an zu weinen. So einfach ist die Geschichte, ehrlich.

John über Arthur Janovs Urschrei-Therapie

war Johns erstes »richtiges« Soloalbum meilenweit entfernt. Keine Tricks, keine soundtechnischen Spielereien – stattdessen minimalistische Basisarbeit, die Instrumentierung auf das Wesentliche beschränkt: Bass, Schlagzeug, Gitarre oder Klavier.

Auch wenn er, kurz bevor sein neues Album erschien, kaum ertragen konnte, es zu hören, da es an schmerzliche Erfahrungen rührte, ihn mit jeder Songzeile an den schmerzhaften Erkenntnisweg der Therapie erinnerte, sagte er anschließend, »es ist das Beste, was ich je gemacht habe. (…) Das bin ich und niemand anders. Darum gefallen mir die Sachen.«

Um die Kommerzialität mußte er sich keine Sorgen machen, in den Augen der Welt war er noch immer ein Beatle, wenn auch nun mit einem Ex- davor, und das erste »richtige« Soloalbum

Erste Solo-LP

Am 11. Dezember 1970 erschien das Album – ohne Namen, ohne Titel, auf dem Cover nur ein großes friedfertig-sonniges Foto von John und Yoko. Sie lehnte an einem großen Baum, er saß zwischen ihren Beinen und beide ließen sich von der Sonne bescheinen. Auf der Rückseite ein riesiges körniges Schwarz-weiß-Foto vom fünfjährigen John, und nur unten klein in der Ecke der Hinweis auf den Künstler: John Lennon/Plastic Ono Band.

Das Album war ein Selbstbekenntnis reinster Natur, zeigte John Lennon beim intimsten Seelenstrip, fasste die Erfahrungen und Erkenntnisse aus Arthur Janovs Urschrei-Therapie musikalisch zusammen, spontan und ohne große vorhergehende Überlegungen aus dem Bauch heraus: Schon die Songtitel machten klar, dass John Lennon sich hier mit den fundamentalen Elementen des Lebens auseinandersetzte: ›Mother‹, »Love‹, ›God‹, ›Isolation‹ sowie fast kindliche Trostlieder wie ›Hold On, John‹ (›Alles wird gut‹). Mutig und unerschrocken war John bis in die dunkelsten Untiefen seines Ichs hinabgetaucht, hatte sich mit seinen Urängsten konfrontiert. Seine Erkenntnisse: »No one can harm you, feel your own pain« (»Niemand kann dich verletzen, fühl deinen eigenen Schmerz«).

Ganz deutlich setzte das Album auch einen musikalischen Schlusspunkt unter das Kapitel Beatles, formuliert im Song ›God‹: »I don't believe in Beatles«. Nach dem philosophischen Einstieg , »Gott ist ein Konzept, an der wir unseren Schmerz messen«, folgte eine Aufzählung all der Dinge, mit denen er im Laufe seines Lebens abgeschlossen hatte und an die er demzufolge nicht mehr glaubte: Magie, das I-Ching, die Bibel, Hitler, Jesus, Mantra und Yoga, Könige, Elvis. Das Finale, auch musikalisch dramatisch in Szene gesetzt, gipfelte in dem Bekenntnis: »Ich glaube nicht an die Beatles!«. Sein persönliches Fazit: »Ich glaube nur an mich, Yoko und mich«. (Schon dieser Zusatz zeigt bis zu einem gewissen Grad, dass er aber auch ein ›Glaubensbekenntnis‹ durch ein anderes ersetzt hat, Yoko trat an den Platz verschiedener Religionen und der Beatles). Der Traum ist vorbei, gestern war ich der Traumweber, aber jetzt bin ich wiedergeboren.«

wurde begierig erwartet. In den USA hielt es sich zwei Wochen lang auf Platz 2, in England erreichte es den 11. Platz und wurde am 28. Januar 1971 vergoldet.

Im Dezember 1970 besuchten John und Yoko zum ersten Mal gemeinsam New York. Fünfzehn Jahre hatte Yoko hier gelebt, jetzt zeigte sie ihrem Mann »ihre« Stadt, die Stadt der Künstler und Filmemacher, der kleinen Cafés und Galerien. Sie machte ihn mit Malern und Regisseuren bekannt. Viel Zeit verbrachte John auch mit Allen Klein und gab dem Musikmagazin ›Rolling Stone‹ ein ausgiebiges Interview, in dem er begeistert von der Stadt schwärmte.

Vor allem aber waren sie da, um Filme zu drehen: ›Up Your Legs‹, der anderthalb Stunden lang 365 Paar Beine zeigte und den 50-minütigen ›Fly‹, in dem eine Fliege über den nackten Körper einer Frau spazierte. Gemeinsam mit ›Erection‹, Johns Film von der Errichtung des London International Hotel, wurden sie auf dem ›John und Yoko Filmfestival‹ im Elgin Theatre in New York vorgeführt. Die beiden Regisseure allerdings waren zu dem Zeitpunkt schon nicht mehr anwesend, sondern auf dem Weg nach Japan.

Im Februar 1971 kehrten die Lennons nach New York zurück und tauchten diesmal in ganz andere Kreise ein: »Ich landete in New York, und die ersten Leute, die auf mich zukamen, waren

die Linksradikalen Jerry Rubin und Abbie Hoffmann. (…) Im nächsten Augenblick steckte ich schon mittendrin.« Mittendrin war in diesem Fall die Szene und Gruppierung der radikalen Neuen Linken, der politischen Extremisten und Regierungskritiker. Die hatten schnell erkannt, dass der poli-

56 Einen besonderen Angriff auf Paul hatte John auf ›Imagine‹ parat: Als Spott auf das Titelbild von dessen Platte ›Ram‹ (Ziegenbock), die Paul dabei zeigte, wie er einen Ziegenbock bei den Hörnern packte, ließ John sich in ähnlicher Pose mit einem Hausschwein fotografieren und legte das Foto als Postkarte dem Album bei.

›Imagine‹

Im Juli 1971 nahm John innerhalb von sieben Tagen in seinem Studio in Tittenhurst Park sein wichtigstes Album auf: ›Imagine‹. Wie immer, wenn er inspiriert war, arbeitete er ungeheuer schnell. Yoko arbeitete währenddessen an ihrem Album ›Approximately Universe‹.

Der Titelsong des Albums ›Imagine‹ wurde zu *dem* Song John Lennons schlechthin. Nur zu Klavierbegleitung, zu dem erst in der zweiten Strophe das Schlagzeug und ein Streichersatz einfiel, sang John mit weicher Stimme seinen eindringlichsten Song für Liebe und Frieden, entwarf das Bild einer glücklichen, harmonischen Traumwelt – ohne Religion, Landesgrenzen, drohende Hölle, ohne Besitz, Hunger und Gier. Von militanten Ideen und Ansichten hier keine Spur. Sein Fazit: »You may say, I am a dreamer, but I'm not the only one. I hope some day you'll join us and the world will be as one.« (»Du kannst sagen, dass ich ein Träumer bin, aber ich bin nicht der Einzige. Ich hoffe, eines Tages wirst du bei uns mitmachen und die Welt wird Eines sein.«)

Neben politischen Stellungnahmen wie ›I Don't Want To Be A Soldier‹ und der wortgewandten Nixon-Attacke ›Gimme Some Truth‹, in der John auf intelligenteste Weise wortbombastisch mit allen Lügnern abrechnete, ob Politikern oder Sektenführern (Hubbard von Scientology), waren die meisten seiner Songs persönliche Reflexionen. Wach und aufmerksam betrachtete und analysierte er darauf sich und die Welt um ihn herum. Er war nicht bereit, stehenzubleiben, arbeitete an sich und seiner persönlichen Entwicklung, formulierte und manifestierte diese in jedem einzelnen Song. ›How?‹ und ›It's So Hard‹ sprachen jedem, der wieder einmal am Leben verzweifelte, aus der Seele, wie auch selbstkritische Songs wie ›Jealous Guy‹. Meist waren seine Lieder tagebuchähnliche Reflexionen, formulierte allgemeingültige Zweifel und Ängste (›How?‹ und ›It's So Hard‹) ebenso wie –in seinen Liebesliedern – Momente größten Glücks.

Prominenter Gastmusiker war – neben alten Freunden wie Klaus Voormann, den Drummern Andy White, Jim Keltner und Pianist Nicky Hopkins – George Harrison, der zu vier Songs den Gitarrenpart beisteuerte. Unter anderem zu der bösen Paul-Attacke ›How Do You Sleep‹. Wie scharfzüngig, verletzend und treffend John mit Worten sein konnte, bewies er in diesem Song aufs Deutlichste: In Anspielungen auf dessen Lieder und wilde Gerüchte machte John seiner Wut und Enttäuschung über den ehemaligen Freund Luft – vor allem in musikalischer Hinsicht: »the only thing you've done was yesterday« (zweideutig: Das einzige, was du je fertiggebracht hast, war der Song ›Yesterday‹, der aber war und ist somit »Von Gestern«). Er war wütend, dass Paul nichts mehr lieferte, was ihn herausforderte, was ihn reizte.

Das ›Imagine‹-Album erschien am 8. Oktober 1971 in England und am 9. September 1971 in den USA. Kurz vor Erscheinen des Albums gab John eine Pressekonferenz und war enthusiastisch: »Das Beste, was ich bisher gemacht habe!« In England blieb »Imagine« 18 Wochen lang in den Top 10, in den USA kam die Platte auf die Nummer eins und blieb 30 Wochen in den Charts.

tisch wache Lennon offen für ihre Ideen von Umsturz und Revolution sein müsste und damit auch ein guter Promoter. Ihr Ansinnen fiel auf fruchtbaren Boden: Schon im Laufe des letzten Jahres, als er versucht hatte, eine Bilanz seines extremen Engagements für den Frieden zu ziehen, war John zu der Erkenntnis gelangt, dass er schlicht und einfach nichts bewegt hatte.

»Ohne Kampf kommt man nicht an die Macht«, folgerte er – und nahm nach einem Interview mit dem Organ der Marxisten, der Zeitschrift ›Red Mole‹ (Roter Maulwurf), die militante Kampfansage ›Power to the People‹ – ›Alle Macht dem Volke‹ auf. Das Coverfoto der Single zeigte die einst friedensbewegten Lennons in japanischen Kampfanzügen und Stahlhelmen und mit erhobener Faust, die forderten: »Say we want a revolution, we better get on right away« (»Du sagst, wir wollen eine Revolution, lass uns am besten sofort loslegen«).

Im Nachhinein war diese radikale politische Phase – abgesehen von der Maharishi-Erfahrung – diejenige, von der er sich am deutlichsten distanzierte. Die Single ›Power to the People‹, erschienen am 12. März 1971, erreichte aber immerhin in England den sechsten und in den USA den elften Platz.

Im Frühjahr und Frühsommer 1971 pendelten John und Yoko – fast schon im Zwei-Wochen-Rhythmus – zwischen Tittenhurst Park und New York, hielten den Kontakt zur Radikalenszene, guckten Fernsehen – vom amerikanischen 24-Stunden-Programm war John völlig begeistert – und standen mit Frank Zappa und seinen Mothers of Invention auf der Bühne. Im Juni 1971 wurden zwei Auftritte der Mothers für das Live-Album ›Fillmore East, June 1971‹ aufgenommen: Am Ende der zweiten Show, die bis in die frühen Morgenstunden dauerte, kamen während der ausgedehnten Zugabe spontan John und Yoko auf die Bühne.

Abbie Hoffman, Jerry Rubin und die Chicago Seven

Abbie Hoffman (geb. 1936) erhob in den frühen sechziger Jahren seine Stimme für die Armen und Unterdrückten. Die Antikriegsbewegung den mutigen und charismatischen Abbie zum Helden der Gegenkultur. Gemeinsam mit Jerry Rubin (geb. 1938),

Bobby Seale und anderen war Abbie Mitglied der Chicago Seven. Ziel der radikalen Gruppierung war es, die Democratic National Convention 1968 zu zerschlagen. Sie wurden festgenommen und des Landesverrats angeklagt. Mit der Festnahme endete auch Hoffmans Bedeutung. 1989 nahm er sich das Leben.

New York

Im November 1971 zogen die Lennons, angezogen von der pulsierenden, energetischen und kritischen Polit- und Kunstszene, endgültig nach New York, verließen ihr Nobelhotel und mieteten ein winziges Zweizimmerapartment in der Bank Street in Greenwich Village. Lennon liebte das Viertel.

Die Politszene war begeistert und verliebte sich die Lennons ein. Und wie immer, wenn er etwas Neues entdeckte, sprang John mit Begeisterung auf den Zug auf. Er trat im ›Apollo Theatre‹ in Harlem bei dem ›Attica‹-Benefizkonzert auf, nahm mit Yoko

57 John und Yoko in New York

an der ›Freedom Rally‹ teil, einer Demonstration für die Freilassung des Radikalen John Sinclair, und stand am 11.12.1971 um drei Uhr morgens in der ›Chrysler-Arena‹ in Ann Arbor, einem kleinen Städtchen bei Detroit, vor 15000 jubelnden Fans auf der Bühne. »Flower Power hat nicht funktioniert«, sagte er als Einleitung vor seinem Auftritt. »Na und? Wir fangen noch mal von vorne an.« Sieben Stunden dauerten die Protestkundgebung und das Benefizkonzert, bei dem unter anderem die amerikanischen Protestsänger Phil Ochs, Bob Seeger und Soul-Star Stevie Wonder auftraten und neben den musikalischen Darbietungen flammende und wutentbrannte Reden gehalten wurden, gegen den Vietnam-

Attica State war das härteste und gefürchtetste Gefängnis im Staate New York. Aus Protest gegen die schlechten Haftbedingungen nahmen Gefangene im September 1971 mehrere Wächter als Geiseln. Vier Tage lang dauerte der Aufstand, dann stürmten 1000 Soldaten das Gefängnis. 43 Männer wurden dabei getötet.

John Sinclair, in den 7oer Jahren ein Held der Neuen Linken. Er predigte die Revolution, zur Not auch mit gewalttätigen Mitteln: »Wir werden Gewehre benutzen, wenn wir müssen. Wir haben keine Illusionen.« 1969 wurde er zu zehn Jahren Gefängnis verurteilt, weil er zwei Joints an eine Undercover-Polizistin verkauft hatte.

krieg, für Freiheit und Menschenrechte. Immer wieder ertönte der Ruf nach einer Revolution, nach einem Sturz der Nixon-Regierung.

Ab dem Moment, wo John sich mit der Radikalen Linken einließ, wurden die Geheimdienste CIA und FBI auf ihn aufmerksam. Undercover-Agenten des FBI waren anwesend und nahmen das Konzert auf, der Inhalt der Reden und auch der Text von Johns Song ›John Sinclair‹ wurden aufgezeichnet.

Erstaunlicherweise war das Konzert unmittelbar erfolgreich: 55 Stunden später war John Sinclair auf freiem Fuß! Der schnelle Erfolg beflügelte zu weiteren Aktionen. Im November 1972 fand in San Diego ein Nationalkonvent statt, der Nixon mit seiner Regierung bestätigen sollte. Vier Jahre zuvor war dieselbe Veranstaltung vom Chicago Seven Conspiracy Trial (zwei der sieben waren Jerry Rubin und Abbie Hoffman) empfindlich gestört worden. Das wollten sie nun mit John Lennons Hilfe, dessen Publicity-Wirkung und großem Einfluss als Sprachrohr der Jugend effektiver wiederholen.

Nixon und der Senat sahen nicht untätig zu, sondern reagierten sofort. Senatsmitglieder im Unterausschuss für Innere Sicherheit bereiteten Anfang 1972 ein Papier über John Lennon vor, das seine bisherigen Aktivitäten und Kontakte zusammenfasste und zu dem Schluss kam, dass »diese Gruppe auf Seiten derer steht, die es sich zum Programm gemacht haben, Präsident Nixon zu bekämpfen«. Die Regierung befürchtete Zusammenstöße und Auseinandersetzungen, aber auch, dass durch Johns Engagement erstens »riesige Geldmengen in die Taschen der Neuen Linken strömen« und zweitens, dass viele der jungen 18jährigen Amerikaner, die in diesem Jahr zum ersten Mal zur Urne gehen durften, durch ihr Jugendidol John Lennon nicht unmaßgeblich in ihrer Entscheidung beeinflusst würden.

John und Yoko wurden vom Geheimdienst »aufgrund ihres kontroversen Verhaltens (…) als unerwünschte und gefährliche

1969–1974 war **Richard Nixon** (1913–1994) Präsident der USA (Republikaner). Er setzte, von Henry Kissinger beraten, die Entspannungspolitik fort, leitete die Normalisierung der Beziehungen zu China ein und beendete 1973 das direkte militärische Engagement der USA in Vietnam. Beliebt war er bei den Linken trotzdem nicht.

Die Watergate-Affäre führte zum Sturz Nixons. Dabei waren Einbrecher 1972 ins Hauptquartier der Demokraten im Watergate-Hotel in Washington eingedrungen, um Abhöranlagen zu installieren. Der Einbruch war von den Republikanern autorisiert worden. Nixon trat in der Folge zurück.

Fremde eingestuft«. Der Auftrag: »konstante Überwachung« und »ein periodischer Bericht«. Die Überwachung sollte an den Tag bringen, dass John Lennon sich mit staatsfeindlichen Ideen trug und umstürzlerische Pläne hegte. Senator Thurmond richtete eine Anfrage an die Einwanderungsbehörde, ob diese »die nötigen Mittel habe, um eine Erlaubnis zu verweigern«. Daraufhin widerrief der Immigration and Naturalization Service (INS) die Einreisegenehmigung für John Lennon. Den Grund dafür hatten sie in seiner Vergangenheit ausgegraben: Die Festnahme wegen Drogenbesitzes vier Jahre zuvor in England. Am 6. März 1972 wurde die von John gerade beantragte Genehmigung auf Verlängerung seines Visums widerrufen, und der Tanz begann.

Vom 23. Februar 1972 datiert das erste CIA-Dokument über John Lennon, im Laufe der nächsten vier Jahre wurde er vom Geheimdienst überwacht, sein Telefon abgehört, seine Aktivitäten wurden beschattet, das FBI und das CIA führte eine Akte über ihn.

Am 29. Februar 1972 war Johns Visum abgelaufen. Wenige Tage später lag ihm bereits eine Erinnerung des District Directors von New York City vor, die ihn aufforderte, das Land bis 15. März zu verlassen. John weigerte sich, und am 18. April 1972 fand die erste Anhörung vor dem INS statt, bei der ihm mitgeteilt wurde, dass er mit einer britischen Verurteilung nicht permanent ansässiger Bürger der USA werden könne.

Die Brisanz seiner politischen Aktivitäten war John bis dahin nicht klar geworden. Doch nun bekam er sie mit aller Macht zu spüren, ständig hielten ihn Gerichtsverhandlungen und -anhörungen in New York fest. Das Leben in und um den Gerichtssaal »wurde fast zu einem way of life«.

Dabei war ihm anfänglich nicht bewusst, worum es der Anklage ging, dass hinter dem Vorwand der Drogenverhaftung die Angst vor seiner politischen Aussage und Macht stand. Doch schnell begriff er, dass die Regierung ihn eigentlich wegen seiner Teilnahme

---

Die **CIA** (Central Intelligence Agency) wurde 1947 mit der Unterzeichnung des National Security Act von Präsident Truman gegründet. Ihr Auftrag: Die Geheimdienstaktivitäten des Landes zu koordinieren, zu bewerten und die nationale Sicherheit zu bewahren. Die CIA ist dem Präsidenten direkt unterstellt.

Das **FBI** (Federal Bureau of Investigation) wurde 1908 gegründet, um Verletzungen des Bundeskriminalgesetzes zu verfolgen. Während des 2. Weltkrieges wuchs das FBI enorm, dann kümmerte es sich im Auftrag des Weißen Hauses um die interne Sicherheit, verfolgte Terrorismus, Drogenhandel und Gewaltaktionen.

an Anti-Vietnam-Demonstrationen, Schweigemärschen und Protestkundgebungen im Visier hatte – und zwar gründlich.

Doch nicht nur wegen der drohenden Abschiebung war John ständiger Gast bei Anwälten und Gerichten, auch die Auflösung von Apple und die Trennung von Allen Klein, den John in der Zwischenzeit gefeuert hatte, zog rechtliche Schritte nach sich. So zehrten auch die ständigen rechtlichen Streitigkeiten der Beatles an seinen Nerven. In ihrer persönlichen Beziehung wurden die Verhandlungen nie thematisiert, um die Freundschaft nicht zu belasten. John schrieb Songs für Ringo, George spielte auf Johns Platten mit. Auch Yoko blieb von rechtlichen Auseinandersetzungen nicht verschont: Seit Jahren schon kämpfte sie um das Sorgerecht für ihre Tochter Kyoko.

Im April 1972 veröffentlichten John und Yoko, basierend auf einem Zitat von Yoko, ›Woman is the Nigger of the world‹ als erste Single aus dem neuen Album: »Soweit ich weiß, der erste Frauenbefreiungs-Song.« Von den Radiostationen allerdings wurde er boykottiert, weil er das Wort ›Nigger‹ enthielt. Dennoch bekamen sie einen Auftritt in der Dick-Cavett-Show, und »hinter der Bühne gab es ein Riesentheater.«

›Some Times in New York City‹

Sein politisches Engagement und die für ihn wichtigsten Ereignisse und Themen, für die er sich engagierte, fasste John musikalisch zusammen: auf dem Album ›Some Times in New York City‹, das er im März 1972 aufnahm. Den Song ›Angela‹ schrieb er nach einem Treffen mit der schwarzen Bürgerrechtlerin Angela Davis, ›Sunday Bloody Sunday‹ und ›Luck of the Irish‹ nach blutigen Zusammenstößen in Nordirland.

Das Album war »eine Mischung aus verrücktem Rock und einer Art Zeitungsstil, Songs zu schreiben über aktuelle Themen. (…) Im klassischen Sektor gäbe es sicher Leute, die das verstanden hätten« – vielleicht dachte er hier an Bertolt Brecht und seine politisch motivierten Theaterstücke – »meiner Ansicht nach war es einfach interessantes Theater, aber auf populärem Gebiet dachten sie wohl, naja.« Das Album erntete durchweg schlechte Kritiken und erreichte in den USA gerade mal Platz 48 der Billboard-Charts.

Begleitet wurde er auf dem Album von der jungen sechsköpfigen Politrockband Elephant's Memory, mit der er auch privat zusammenhing und jammte.

Das Album erschien im Juni (in den USA, erst am 15. September 1972 in England) und sorgte nach der Single ›Woman is the Nigger of the World‹ gleich für den nächsten Skandal: Auf dem, im Zeitungsstil designten Cover tanzte Nixon mit Mao – nackt! Um Proteste zu vermeiden, überklebte die Plattenfirma das Bild kurzerhand – ohne John und Yoko zu informieren.

Ende August 1972 stand John wieder auf der Bühne, beim ›One To One‹-Unicef-Benefizkonzert für behinderte Kinder im Madison Square Garden. In grünen Armeeanzügen, Stahlhelmen und dunklen Sonnenbrillen spielten sie, begleitet von Elephant's Memory, insgesamt 16 Stücke. Am eindringlichsten war Johns ›Cold Turkey‹-Version sowie das beeindruckende Ende bei ›Give Peace A Chance‹, zu dem alle Musiker auf die Bühne stürmten und das Publikum zu wahren Begeisterungsstürmen hinrissen.

Dennoch ließen der Kontakt zu den Linken und Johns Begeisterung für ihre umstürzlerischen Ideen im Laufe des Jahres merklich nach. »Jerry brachte nichts als Ärger, war nervig und lästig, seit ich ihn getroffen habe«, erklärte John zwei Jahre später rückblickend. »Ich habe entschieden, da er die Revolution nicht anführte, das Telefon nicht mehr zu beantworten.«

Bei seinen Friedensaktionen war John mit Haut und Haaren dabei gewesen, sein radikal-linkes Engagement wirkte dagegen aufgesetzt und unecht. So richtig und vollen Herzens hatte er sich nie auf die radikale Szene eingelassen, wenn er auch bei einer Reihe ihrer Aktivitäten mitmischte und sich gerne im Gespräch damit auseinandersetzte. Und doch war er sich immer bewusst gewesen, dass das nicht wirklich sein Ding war: »Ich war wie ein Chamäleon, wurde immer zu dem, mit dem ich gerade zusammen war.« Er hatte sich mit den Themen auseinandergesetzt, der wahre Grund seines Engagements aber war ein anderer: »Ich fühlte mich immer schuldig, weil ich soviel Geld gemacht hatte …«

Anfang 1973 zogen John und Yoko in eine Wohnung des gut bewachten Prominentenhochhauses ›Dakota Building‹ am Central Park. Einen Teil der Wohnung nutzten sie als Büro, die 22-jährige May Pang wurde

58 John beim ›One To One‹-Unicef-Benefizkonzert im Madison Square Garden in New York

fest als persönliche Assistentin eingestellt. Oft begleitete sie die Lennons zu Aufnahmen ins Studio und stellte mit Erstaunen fest, wie unsicher der Musiker war. Bei den Aufnahmen verlangte er immer so viele Special Effects wie möglich, um seine natürliche Stimme möglichst stark zu verfremden. »Fuck up my voice«, ordnete er an und war begeistert, wenn der Toningenieur seine Stimme elektronisch verzerrte oder Echo-Effekte darüberlegte. Möglich, dass die Vokalartistin Yoko an seiner Stimme herumgemäkelt hatte, so dass er letztendlich das Selbstbewusstsein diesbezüglich verlor. Einer Tatsache allerdings war er sich bewusst: dass er ein guter Songwriter war.

Im März 1973 wurde Yoko permanenter Aufenthalt in den Staaten zugebilligt, John dagegen wurde abermals aufgefordert, das Land zu verlassen.

Die Ehe der Lennons war inzwischen in einer Krise. Die erste Euphorie war verflogen. Ab dem Moment, in dem John erkannte, dass er im Grunde seines Herzens doch ein Rock'n'Roller war und die Avantgardeszene zunehmend ihren Reiz verlor, hatte er bis zu einem gewissen Grad auch Yoko verloren sowie ihr Bestreben, John gänzlich in ihre Welt herüberzuziehen. Die gemeinsamen Interessen, die sie anfänglich verbunden hatten, verflüchtigten sich. Differenzen, die der erste Enthusiasmus überdeckt hatte, traten zutage. Unterschiedliche Ansichten, auch unterschiedliche Ereignisse, die sie berührten, aufregten, beide auf unterschiedliche Art bewegten, trugen zu der zunehmenden Entfremdung bei.

John ging ab und zu fremd, und meist waren Yoko seine Ausflüge bewusst. Doch sie war eine kluge Frau und wollte ihn nicht verlieren. Als ihr klar wurde, dass John sich anderweitig umguckte und zunehmend umgucken würde, als sie realisierte, dass er ein Auge auf die junge Assistentin May Pang geworfen hatte, machte sie dieser im Sommer 1973 ein ›unmoralisches Angebot‹: »John wird wahrscheinlich anfangen, mit anderen Leuten auszugehen«,

---

Da wir gerade unseren vierten Hochzeitstag gefeiert haben, sind wir nicht bereit, in getrennten Betten zu übernachten. Love and Peace, John und Yoko.
Johns Antwort auf die erneute Aufforderung der Behörden, das Land zu verlassen

In Japan war und ist es nicht so ungewöhnlich, dass die Männer neben ihrer Ehefrau eine Geliebte haben, wobei die Ehefrauen davon wissen und diesen Zustand akzeptieren.

sagte sie. »Wer weiß, mit wem er ausgehen wird. (…) Wenn er dich fragt, ob du mit ihm ausgehen willst, solltest du das tun. (…) Ich möchte lieber, dass er mit jemandem ausgeht, der gut zu ihm ist.« Yoko wollte für John eine Affäre, die sie überblicken und kontrollieren konnte, und so gab sie auch ihm zu verstehen, dass sie einverstanden wäre, wenn er mit May etwas anfing. Ihrer beider Vorstellung war: wenn John seine sexuellen Begierden mit May ausleben könnte, würde der Rest zwischen John und Yoko schon funktionieren. Nicht eingerechnet war, dass May sich verliebte und dass auch John nicht unberührt blieb und sich viel tiefer als geplant gefühlsmäßig in die Affäre verstrickte.

John begann, May zu umwerben – ein Leichtes, da sie ihn sowieso immer zu den Aufnahmen ins Studio begleitete. Eines Nachts schließlich begleitete er sie nach Hause, und eine leidenschaftliche Beziehung begann. »Noch nie zuvor hatte ein Mann sich in dieser Weise um mich gekümmert«, schwärmte May, »*getting pleasure from pleasuring me* (…) John wusste, wie unerfahren ich war, und das brachte an ihm alles hervor, was beschützend und zärtlich war, und er wurde mein Lehrer. Er pflegte zu sagen, ›Ich möchte wissen, was dich bewegt‹, während er mich mehr und mehr in intensive sexuelle Aktivitäten führte. (…) Wir konnten nicht glauben, wie extrem zugänglich wir aufeinander reagierten.«

Weiterhin zehrten auch die rechtlichen Streitigkeiten an ihrer Beziehung. Am 28. Juni 1973 verklagte Allen Klein John auf eine halbe Million Dollar wegen angeblich nicht zurückgezahlter Vorschüsse. Zudem machte den beiden die konstante Geheimdienstüberwachung zu schaffen. Im Oktober verklagte John den INS (Naturalization Service) unter dem ›Freedom of Information Act‹, da sie mit ihren Aktivitäten das Gesetz verletzten.

59 Die 22-jährige Chinesin **May Pang** arbeitete seit 1970 für das Ehepaar Lennon, kümmerte sich in erster Linie um Yokos Angelegenheiten, erledigte Telefonate und Korrespondenz, buchte Studiozeit und Equipment für die Aufnahmen am aktuellen Album ›Mind Games‹, kontrollierte die Tageskasse und die Ausgaben.

Trotz der Schwierigkeiten mit den amerikanischen Behörden entschieden die Lennons sich, in New York zu bleiben, und boten ihr Herrenhaus Tittenhurst Park zum Verkauf an. Ringo kaufte das Anwesen im September 1973. Für dessen mittlerweile drittes Album ›Ringo‹ hatte John zwischenzeitlich auch den Song ›I Am The Greatest‹ geschrieben.

›Mind Games‹

Auf dem lyrischen ›Mind Games‹ – die meisten Songs sind meilenweit von den kämpferisch aggressiven Stücken von ›Some Times in New York City‹ entfernt – fanden sich liebevolle Hommagen an Yoko, in denen er die Unbedingtheit ihrer Liebe formuliert, wie auch ihre Bedeutung für ihn: »Alles, was ich weiß, ist nur, was du mir sagst / alles, was ich weiß, ist nur, was du mir zeigst / Und wenn ich am Ende bin, richtig *sanpaku* / und ich weiß nicht, was ich tun soll / *aisumasen Yoko san* / alles, was ich tun muss, ist deinen Namen zu rufen. *(Aisumasen (I'm sorry))*«

Immer sah John seine Beziehung zu Yoko als etwas Besonderes an, als eine Weisung des Schicksals: »Jeden Tag danke ich dem Herrgott und der Mutter Maria, dass du zu mir gekommen bist, es musste so geschehen, zwei Seelen, ein Schicksal. (…) Ich wurde geboren, nur um zu dir zu kommen, ich habe lange genug überlebt, um dich zu meiner Frau zu machen.« sang er in ›Out the Blue‹.

Yoko war für ihn unantastbar, sowohl für ihn selbst, als auch für alle anderen. Gleichgültig, ob das irgendjemand um ihn herum – oder auch nur er selbst – verstand. Sie hatte das Innerste seiner Seele berührt, hatte ihm gezeigt, was Liebe wirklich bedeutete, was Liebe wirklich war. Das mochte nach außen Formen annehmen, die unverständlich, irritierend, absurd waren, ihre Seelenverwandtschaft wurde in seinen Augen davon nicht berührt. Wir gehören zusammen, gleichgültig, was passiert, wusste John, gleichgültig, wo auf dieser Erde sich ihre Körper befanden: »Wo immer du bist, du bist hier« (in ›You Are Here‹).

In mehreren Songs fasst John auch seine persönliche Lebenssituation und -philosophie zusammen, der eindringlichste ist sicher ›Intuition‹. Die Grundstimmung: positiv, optimistisch, nach vorne gerichtet. Deutlich formuliert er, was er vom und im Le-

ben gelernt hat, dass er das Gefühl hat, vorwärts gekommen zu sein Oder wie er es in ›One Day (At A Time)‹ ausdrückt: alles zu seiner Zeit und doch jeden Tag ein Stückchen weiter, ein Stückchen vorwärts.

In den USA erreichte die Platte den neunten, in England den sechsten Platz der Charts.

60 Das Coverbild von ›Mind Games‹ mit Yokos Gesicht als Gebirgszug im Hintergrund

Lost Weekend

Mehr und mehr Zeit verbrachten John und May miteinander, eine offene Dreierbeziehung entstand. In den ersten zwei Monaten war John darauf bedacht, dass Yoko möglichst wenig davon mitbekam. Doch im Oktober 1973 zog John aus dem Dakota aus und mit May zusammen. Die offizielle Version, die, auf Yokos Betreiben hin, der Presse erzählt wurde, lautete, Yoko habe John rausgeworfen. Bis zu einem gewissen Grad war das wohl auch so. Yoko hatte gespürt, dass John sich zu einer anderen Frau hingezogen fühlte, und hatte ihm grünes Licht gegeben, hatte gesagt, ›geh, probier's aus‹.

Der Kontakt zwischen John und Yoko blieb dennoch bestehen. Fast täglich telefonierten die beiden miteinander, meist war es jedoch Yoko, die das Paar mit ihren Anrufen schon fast terrorisierte, bis zu 15- oder 20-mal rief sie an, meist wegen Kleinigkeiten oder Alltäglichkeiten. John verlor jedoch nicht die Nerven, war ihr gegenüber geduldig, freundlich und gut gelaunt.

Im November erschien das Album ›Mind Games‹, und John machte umfangreiche Promotion und gab Interviews.

Als großer Rock'n'Roll-Fan wollte John anschließend ein Album mit all den Songs aufnehmen, die er liebte. Er stellte seine Wunschtitel zusammen und rief seinen Wunschproduzenten für dieses Werk an: Phil Spector. Zum ersten Mal würde er diesem volle Kontrolle über ein Album geben. Die fünfziger Jahre waren Phils große Zeit gewesen, den Sound der Ära hatte er mit kreiert, er würde ideal sein.

Auf den Sessions zur LP ›Rock'n'Roll‹ floss reichlich Alkohol, und schnell sprach es sich in Hollywood herum, dass die besten

Er konnte sich unglaublich gut ausdrücken, hatte eine öffentliche Stimme und wusste, wie man diese benutzte.
May Pang über John

Partys der Stadt dort stattfanden. Nach Mitternacht kamen die, die noch weiterfeiern wollten, ins Studio, etwa Joni Mitchell, mal in Begleitung von Jack Nicholson, mal mit Warren Beatty, Mick Jagger und Harry Nilsson, zu dem John sofort einen Draht hatte. Harry war ein witziger, kluger Kopf, und er konnte Unmengen Alkohol vertragen, ohne dass man es ihm anmerkte.

Am Ende der Nacht, gegen 3 Uhr früh, war normalerweise jeder betrunken – inklusive John, der daraufhin oft auf widerwärtigste Weise ausrastete, wütete und völlig die Kontrolle über sich verlor. Ein heftiges Gelage im Studio endete damit, dass Phil und Drummer Jim Keltner den um sich schlagenden John im Taxi nach Hause brachten und Spectors Bodyguards ihn im Bett fesselten.

Auch in der Öffentlichkeit tobte er sich so exzessiv aus wie seit den wilden Tagen in Hamburg nicht mehr. Mit einer Damenbinde an der Stirn randalierte er im ›Troubadour Club‹, bis er hinausgeworfen wurde.

Für May Pang wurde die Beziehung zu John zu einer Achterbahnfahrt aus höchstem – auch sexuellem – Glück und tiefsten unverständlichen Abstürzen und Attacken, aus unvermittelten Trennungen und liebevollen Vereinigungen.

Zum einen zeigte sich John Lennon als zärtlicher Liebhaber, der Gefallen darin fand »mich zufriedenzustellen«, zum anderen

---

›Rock'n'Roll‹

John erwartete, dass Phil Spector mit seinen Songs wahre Wunder vollbringen würde. Gemeinsam steigerten sie sich in ihr neues Projekt hinein, beflügelten sich gegenseitig mit der Vorstellung, wie toll es werden würde, und schrieben gemeinsam den Song ›Here We Go Again‹ (der allerdings erst posthum auf dem Album ›Menlove Avenue‹ veröffentlicht wurde). John fand das Ganze aufregend, vor allem auch, weil Spector ihn völlig darüber im Dunkeln ließ, was jetzt eigentlich passieren würde.

Die Aufnahmen begannen im Oktober 1973 in Los Angeles. Schon nach dem ersten Tag allerdings entwickelten sie sich äußerst ungut, eine negative angespannte Atmosphäre machte sich breit. Phil erklärte nichts, spielte nichts vor, ließ die Musiker tagelang warten und im Unklaren.

Dazu kam, dass Spector selbst in jeder Hinsicht ein sehr merkwürdiger Mensch war, an Wahnvorstellungen aller, sich weigerte, vor Dunkelheit das Haus zu verlassen und darauf bestand, vor Sonnenaufgang zurück zu sein. Mehrmals erschien er zu den Aufnahmesessions mit umgeschnallter Pistole, einmal schoss er in die Studiodecke. John blieb cool: »Wenn du mich umbringen willst, bring mich um, aber *don't fuck with my ears*. Die brauche ich noch!« Zu etwas verrückten Personen fühlte John sich immer hingezogen, Phils exzentrischem Verhalten begegnete er mit freundlicher Geduld. »Paradoxerweise war er bei Spector auch immer sehr entspannt«, stellte

konnte er sich, besonders nach exzessivem Alkoholgenuss, in einen rasenden Berserker verwandeln.

Meist wusste John am nächsten Tag nichts mehr von seinen Ausfällen, war schockiert, peinlich berührt und entschuldigte sich vielmals. Schließlich erklärte er, daß eine Art »chemische Reaktion in seinem Körper vor sich ging, sobald er auch nur etwas Alkohol zu sich nahm«. Er vermutete, daß all die psychedelischen Drogen, die er in den Sechzigern genommen hatte, sein Nervensystem angegriffen hatten. Andererseits, »wir hatten solche Nächte auch in Liverpool, bevor wir es schafften. Es ist nur so, wenn du berühmt bist, stehst du sofort in den Zeitungen.«

Die stürzten sich natürlich sensationshungrig auf den randalierenden Star und kamen so auch hinter Johns neue Liebe. Und so war nach einem Ausfall im Troubadour-Club am nächsten Morgen nicht nur Johns Ausbruch in den Schlagzeilen aller Boulevardblätter in Amerika, sondern auch seine neue Liebe.

Das Paar flüchtete nach New York. Eine Flucht, die sich als positiv erwies: Die letzten vier Monate in Los Angeles hatte John immer wieder versucht, Songs zu schreiben, hatte aber nichts zustande gebracht, kaum war er in New York, flossen sie ihm aus der Feder.

Während der Verhandlung zur Auflösung von Apple kam auch ein anderes Thema zur Sprache: Yoko hatte bei einem Anwalt an-

May fest. »Er akzeptierte, dass Spectors Genie mit seiner Unberechenbarkeit einherging.« Sicher kann man Phil als einen seiner wenigen Freunde bezeichnen. Von den in dieser Phase mit Spector aufgenommenen elf Tracks verwendete John letztendlich aber nur vier: ›You Can't Catch Me‹, ›Sweet Little Sixteen‹, ›Bony Moronie‹ und ›Just Because‹, der Rest war trotz der enorm aufwendigen und teuren Sessions komplett unbrauchbar.

Nachdem Spector über drei Monate an seinen Songs ziellos herumgetüftelt hatte, verschwand er anschließend auch noch mit den Bändern. Ein Jahr lang musste das Album auf Eis gelegt werden. Dann packte John die Arbeit konzentriert und in seiner üblichen zügigen Arbeitsweise an: »Ich habe ›Rock'n' Roll‹ innerhalb von fünf Tagen fertig gestellt, acht Titel, einen nach dem anderen. Ich habe mich dabei entspannt. All die Texte, die ich schon kannte, seit ich fünfzehn war, wie ›Stand By Me‹ und ›Be-Bop-a-Luka‹, kamen mir wieder ins Gedächtnis, einfach so. Es war also problemlos.

61 John mit Phil Spector

gefragt, um ihre Scheidung von John zu regeln. Seit einigen Monaten hatte sie eine Affäre mit dem Sessionmusiker David Spinoza.

Obwohl John, trotz der Affäre, von Yoko emotional abhängig
war, reagierte er gelassen. Sicherlich ging diese Verbindung nach
wie vor mehr von John aus, war er derjenige, der durch und für
diese Beziehung lebte, der Yoko blind vertraute, der generell die
Tendenz hatte, sich von starken Frauen leiten zu lassen. Seine heftigen Alkoholexzesse machten auch für ihn deutlich, dass er ohne
sie emotional am Ende war.

Die Beziehung zu May bot da nur wenig Trost. Wenn John auch
gerne mit ihr zusammen war und besonders die sexuelle Seite ihrer Beziehung, die mit Yoko selten ausgelebt werden konnte, genoss, den emotionalen Halt, den Yoko ihm gab, konnte sie nicht
geben. »Es schien, als hätte Yoko die Macht, den tiefsten und unsi-
chersten Part von John zu erreichen«, erkannte auch May.

Sicherlich war Yoko aber diejenige, die ihrer beider Beziehung
kühler betrachtete. Engagiert versuchte sie sich in einer Solo-Kar-
riere. Sie trat im Liveclub ›Kenny's Castaway‹ auf und entschied
sich, in ihrer Heimat Japan auf Tour zu gehen. Ein Unterfangen,
das John natürlich finanzieren musste, auch wenn ihm klar war,
dass Yoko nie genügend Platten verkaufen würde, die Aktion also
ein Draufzahl-Geschäft war. Trotzdem unterstützte er sie natürlich.

Hätte Yokos Karriere ohne die Verbindung zu John geklappt,
hätte sie jemals selbst künstlerisch Erfolg gehabt und auf eigenen
Beinen stehen können, so kann man vermuten, dass ihre Beziehung zu diesem Zeitpunkt beendet gewesen wäre. Doch alle Ver-
suche Yokos, sich als Künstlerin und Musikerin zu etablieren,
scheiterten. Somit brauchte sie weiterhin Johns Geld und seine Unterstützung. Eine Tatsache, die sie ungeheuer ärgerte, da sie ihr
immer wieder ihre Abhängigkeit von John deutlich machte.

Zurück in Los Angeles bot John Harry Nilsson an, dessen
nächstes Album zu produzieren. Anfang April 1974 begannen die

Leute, die John betrunken gesehen hatten, stimmten überein,
dass er der übelste Trinker war,
den sie je gesehen hatten, und sie
waren erstaunt von der physi-
schen Kraft, die er entwickelte,
wenn er trank.

May Pang

Aufnahmen im Record-Plant-Studio in Los Angeles, mit dabei waren unter anderem Ringo, Jim Keltner, Klaus Voormann sowie Johns liebste Trinkkumpane, der Gitarrist Jesse Ed Davis und Who-Drummer Keith Moon. »Zu Harrys Freunden schien jeder harte Trinker zu gehören, der in Los Angeles lebte oder vorbeikam«, stellte May erschrocken fest.

Gleich am ersten Abend der Aufnahmen, als Reste der Band noch jammten, tauchten Paul und Linda McCartney im Studio auf. Die Unterhaltung zwischen Paul und John, die einander seit dem Ende der Beatles kaum gesehen hatten und deren offizieller Kontakt aus bösartigen öffentlichen Attacken und den Auseinandersetzungen ihrer Anwälte bestand, redeten so locker miteinander, »als würden sie täglich zwei bis drei Mal miteinander telefonieren und hätten das nur wenige Stunden zuvor getan. (…) zwei alte Freunde«, staunte May.

Irgendwann steuerte Paul auf Ringos Drums zu und sagte, »lasst uns spielen.« Linda ging ans Keyboard, John griff sich die Gitarre, und zum ersten Mal seit dem Bruch der Beatles spielten die beiden wieder zusammen, Stevie Wonder, der zur selben Zeit aufnahm, hörte davon und stieg in die erste Session der beiden mit ein. Paul schüttelte über das Chaos-Team nur den Kopf: »wunderbare, total alkoholisierte Irre plus John – vergiss es!« Seinen Besuch wiederholte er dennoch.

In Harry hatte John einen gleich gesinnten Chaoten getroffen. Streckenweise teilte sich das Horror-Duo sogar eine Hotelsuite. Gemeinsame Aktionen der beiden endeten meist in Chaos und Streit mit allen um sie herum. Sie marschierten nackt durchs Hotelfoyer, beleidigten bei einer Session mit Simon and Garfunkel das Duo mit üblen Beschimpfungen, ruinierten einen Comeback-Auftritt der Smother Brothers. Oft kam es zu Handgreiflichkeiten.

Doch plötzlich bekam John den Dreh: »Eines Tages fiel mir ein, verdammt, ich bin ja der Produzent, sie werden mich nach den

Ich habe zur Flasche gegriffen, als ob ich achtzehn oder neunzehn wäre. (…) Es hat mir sehr geschadet, es war eine sehr ungesunde Periode für mich. Ich konnte mit der Trennung einfach nicht anders fertig werden. Ich war völlig aufgelöst, und das einzige, was mir einfiel, war, Bars zu besuchen und mich zu besaufen.

John Jahre später über diese Zeit

Bändern fragen. Das hat mich ernüchtert. Ich hörte – kalte Dusche – einfach auf mit der Sauferei und stellte Harrys LP fertig.«

Er sorgte dafür, dass tagsüber diszipliniert aufgenommen wurde. Meist zogen sich die Aufnahmen bis Mitternacht hin, und wenn die anderen anschließend noch loszogen, kam John nicht mit. Er war verantwortlich für das Album, und er kümmerte sich darum. »Er erlaubte sich nie, die Kontrolle zu verlieren.«

Dafür verlor er die Geduld mit Harry Nilsson. Dessen gesundheitlicher Zustand verschlechterte sich zunehmend durch das exzessive Leben und schlug sich auf die Stimme nieder. Als er nach einer Erkältung sogar Blut hustete, entschied John, das Domizil, das er mit den anderen in der Zwischenzeit bezogen hatte, zu verlassen und die Platte in New York alleine fertig zu stellen.

Mit May bezog John im Juni 1974 das Apartment eines Freundes am East River in New York, und die beiden begannen, sich einzurichten, kauften ein Bett und ein Sofa, und John ließ sein Piano und einen Teppich aus dem Dakota herüberbringen. Vor etablierten Familienbanden allerdings scheute er zurück, weigerte sich, Mays Mutter kennen zu lernen, und hatte große Schwierigkeiten, als sein Sohn Julian sich zu einem Besuch in den Sommerferien ankündigte. Dem mittlerweile 11-jährigen gegenüber war John oft recht verkrampft. Nie hatte er es geschafft, eine Beziehung zu dem Jungen aufzubauen. Er hatte ihn nicht gewollt, verband mit ihm ungute Erinnerungen und eine ungute Beziehung, auch wenn ihm bewusst war, dass der Junge nun wirklich nichts dafür konnte. Und so gab er sich Mühe, den Aufenthalt spannend zu gestalten, ging mit ihm Segeln und nahm ihn mit ins Studio.

Ebenfalls Gast im neuen Domizil war Paul McCartney, der sich bemühte, den frischen Kontakt zu seinem alten Freund nicht wieder abreißen zu lassen. Er brachte oft seine Gitarre mit und schlug gemeinsame Sessions vor. John zog zwar mit, nie jedoch ging die Initiative von ihm aus. Manchmal war er geradezu entnervt,

---

Harry Nilsson wurde 1941 in New York geboren. Der Sänger und Pianist gehörte in den siebziger Jahren zur ersten Garde der amerikanischen Songwriter, sein Album ›Harry‹ (1969) besticht durch seine skurrile Mischung aus Kitsch und Schärfe. Der oft mit Randy Newman verglichene Nilsson sang für den Film ›Mitternachtscowboy‹ den Titelsong ›Everybody's Talkin‹. Mit dem Produzenten Richard Perry nahm er ›Nilsson Smilsson‹ auf, das den Megahit ›Without You‹ enthielt. Auf ›Pussy Cat‹ versuchte Nilsson alten Rock Standards neues Leben einzuhauchen – etwas andere Kost, als seine normalerweise eher sozialkritischen Songs.

wenn er auch immer höflich mitmachte und es zwischen den beiden nie zum Streit kam.

Darüber hinaus zog sich der Kampf um die Ausweisung weiter – zermürbend – hin. Am 18. Juli 1974 erhielt John eine Aufforderung des amerikanischen Justizministeriums, das Land innerhalb von 60 Tagen zu verlassen. Andernfalls würde man ihn ausweisen. Johns Anwälte gingen vor das Bundesgericht und klagten gegen die Regierung, da sie ihn bespitzelt hatte.

Während einer Zusammenarbeit mit Elton John bei einem Lied auf ›Walls and Bridges‹ – er spielte auch auf dessen Coverversion von ›Lucy in the Sky‹ mit – traf John im Studio auf David Bowie. Dieser bat ihn, auf seiner Coverversion von ›Across the Universe‹ die Gitarre zu spielen. John, der Bowie »wegen seiner vielen Talente« bewunderte, machte mit. Spontan entstand im Laufe der Aufnahmen ein weiterer Song, ›Fame‹, der auf Bowies Album ›Young Americans‹ landete, und 1975 zum ersten Nummer-eins-Hit für Bowie wurde. »Schicksalhaft«, fand John. »Durch Elton habe ich meinen ersten Nummer-eins-Hit geschafft, und das habe ich dann an Bowie weitergegeben.«

Nach Abschluss der Aufnahmen und einem kurzen Abstecher zu Ringo nach Los Angeles, wo er für dessen neues Album den von ihm geschriebenen Titelsong ›Goodnight Vienna‹ aufnahm,

62 John Lennon, 1975

stürzte er sich ins nächste Projekt, die Fertigstellung des ›Rock'n'Roll‹-Albums. Denn kurz vor Beginn der Aufnahmen zu ›Walls and Bridges‹ waren die Bänder wieder aufgetaucht, und John machte sich unverzüglich mit den Musikern von ›Walls and Bridges‹ an die Arbeit.

Am 25. November 1974 spielte John mit Elton live im New Yorker Madison Square Garden. »Ich war ganz erstaunt, dass das Publikum so freundlich zu mir war. Denn ich hatte mich danach gerichtet, was die Zeitungen über mich schrieben. Das Publikum jedoch war fantastisch.«

Ins neue Jahr gingen May und John noch gemeinsam. Nicht lange allerdings. Yoko wollte John zurückhaben, und dieser war nur zu glücklich, zu ihr zurückkehren zu können …

Zuerst einmal begann es allerdings, wie das alte geendet hatte, mit rechtlichen Streitereien: In seiner Dezemberausgabe enthüllte das Musikmagazin ›Rolling Stone‹ alle Einzelheiten und Namen

›Walls and Bridges‹

Das Album war ein deprimierendes Fazit der letzten Zeit. Auch wenn May Pang beteuerte, sie und John seien zusammen glücklich gewesen, sein ausfälliges und gewalttätiges Verhalten und vor allem seine Lieder sprechen eine andere Sprache. Seine Songs waren immer sein Ausdrucksmittel gewesen, hatten wie ein Tagebuch Stimmungen und Empfindungen widergegeben, waren Situationsbeschreibungen seines realen inneren Zustandes und Ichs gewesen. Das Resümee dieser Zeit schien zu lauten: Hauptsache überleben, egal wie: »whatever gets you thru the night, it's alright« – »was auch immer dich durch die Nacht bringt, es ist in Ordnung«.

Statt mit May glücklich zu sein, sang er: »Ich bin es müde, so allein zu sein.« Zwar war May an seiner Seite, und er mochte sie sehr, dennoch, innerlich und seelisch fühlte er sich leer und ausgebrannt.

Sein Resümee war »You don't know what you got until you lose it – du weißt nicht, was du hast, bis du es verlierst« und seine Bitte an Yoko »Baby, give me one more chance«.

Die Trennung von Yoko war für John ein Alptraum, und so drehen sich die meisten der Songs um sie. In ›Bless You‹ formulierte er seinen unerschütterlichen Glauben an ihre Beziehung. »Dennoch sind wir tief in den Herzen voneinander. Manche Menschen sagen, es ist vorbei, jetzt wo wir unsere Flügel ausgebreitet haben, aber wir wissen es besser, Liebling. Der hohle Klang ist nur das Echo des letzten Jahres (…) Denk daran, auch wenn die Liebe seltsam ist, jetzt und für immer, wird unsere Liebe bestehen.«

Im August 1974 ging er ins ›Record Plant‹-Studio in New York und nahm in wenigen Tagen in disziplinierter Atmosphäre das komplette Album auf.

Am 5. Oktober erschien »Walls and Bridges« und erreichte in Amerika den ersten Platz (in England Platz 8). Und auch die Single ›Whatever Gets You Through The Night‹ setzte sich an die Spitze der amerikanischen Charts und wurde somit John Lennons erster Nummer-eins-Hit.

63 David Bowie, Art Garfunkel, Paul Simon, Yoko Ono und John Lennon bei der Grammy-Preisverleihung im Frühjahr 1975

der Personen, die an der Verschwörung gegen John beteiligt gewesen waren. Darüber hinaus stellte John einen persönlichen Antrag an Richter Owen, in dem er darum bat, »beweisen zu dürfen, dass in meinem Fall mit vorsätzlicher Diskriminierung vorgegangen worden ist«. Am 2. Januar 1975 verkündete Richter Owen eine positive Entscheidung: Johns Anwälte durften die Akten, die bisher über ihn angelegt worden waren, einsehen. Diese enthüllten die bisherigen Spekulationen, und John erstattete Anzeige gegen den Kronanwalt John Mitchell und weitere Regierungsbeamte der Einwanderungsbehörde INS.

Auch die rechtlichen Auseinandersetzungen um die Beatles fanden ein Ende: Im Januar 1975 unterzeichnete John – wie die anderen drei Beatles auch – ein Dokument, das ihre Apple-Partnerschaft offiziell auflöste.

Johns kreative Phase hielt auch Anfang 1975 an: Er wollte wieder ein Album aufnehmen, schrieb die Songs ›Popcorn‹ und ›Tennessee‹, nachdem er Tennessee Williams' Stück ›Endstation Sehnsucht‹ gelesen hatte.

Darüber hinaus drängte Yoko ihn, mit dem Rauchen aufzuhören. Sie hatte einen Hypnotiseur aufgetan, der auch sie kuriert

David Bowie (geb. 1947 in London) Berühmt wurde er, als er 1969 den Song ›Space Oddity‹ veröffentlichte und sich selbst als Wesen von einem anderen Stern beschrieb. Bewusst kultivierte er in den folgenden Jahren eine homosexuelle Ästhetik und färbte sich die Haare. 1972 stilisierte er sich zur Kunstfigur ›Ziggy Stardust‹, mit der er sämtliche eigenen Phantasien auslebte. Dann wandte er sich einer gesellschaftskritischen Musik zu. Später wandelte er sich zum Entertainer, die Songs handelten von einer gefühlskalten Gesellschaft, von Wettbewerb und Lieblosigkeit. Immer wieder wechselt der androgyne Bowie seine Rollen.

hatte, und bombardierte John über zwei Wochen hinweg mit der Aufforderung, sich ebenfalls einer Hypnose-Session zu unterziehen. Schließlich willigte er ein. Und verschwand! Ein Wochenende lang hörte May nichts von ihm, traf ihn erst drei Tage später bei einem gemeinsamen Zahnarzttermin wieder. Er ging mit May nach Hause und sagte ihr dann, »Yoko hat mir erlaubt, nach Hause zu kommen. (…) Ich packe noch ein paar Sachen und dann gehe ich.« Und genau das tat er, während eine am Boden zerstörte May dasaß und zusah.

Auf der Grammy-Verleihung am 1. März 1975 zeigte sich das vereinte Paar zum ersten Mal nach seiner Trennung wieder gemeinsam in der Öffentlichkeit.

Rückblickend sagte John über die Periode, die er später sein ›Lost Weekend‹, sein Verlorenes Wochenende, nannte: »Ich hatte in der Zeit das Gefühl, dass ich völlig kopflos umherrannte, und jetzt habe ich meinen Kopf wieder auf. Eine erbärmliche Periode, ich bin froh, dass ich da raus bin.«

Clean Up Time

Im April 1975 realisierte Yoko, dass »wir schwanger sind«. Sie hatte mehrere Fehlgeburten gehabt, und »wir dachten, wir könnten nie ein Kind bekommen«. Yoko war inzwischen 42, und die Schwangerschaft machte ihr gesundheitlich schwer zu schaffen. Darüber hinaus steigerte sie sich in absurde Vorstellungen und abwegige Ängste, fürchtete, dass John das Baby nicht wolle, und kam jeden Tag mit einer anderen gesunden Ernährungsmethode. Ab dem siebten Monat zog sie sich völlig ins Bett zurück.

Um die Spannung zwischen ihnen abzumildern, fuhr John am Wochenende in das Haus auf Long Island. Er war ein echter Sonnenanbeter, liebte es, wie eine Katze in der Sonne zu liegen.

Daneben machte das Ehepaar Lennon intensive Geburtsvorbereitung und nahm an Kursen zur natürlichen Geburt teil; geplant war eine Hausgeburt. Doch als es dann so weit war, verschwand Yoko im Krankenhaus und brachte per Kaiserschnitt am 9. Oktober 1975, Johns 35. Geburtstag, einen Sohn zur Welt. Ein alter Hinduglaube besagt, dass die Seele des Vaters in einem Sohn, der am Geburtstag seines Vaters geboren wird, weiterlebt. Der Junge erhielt den Namen Sean, soviel wie John auf Keltisch. Zwei Wochen lang blieb Yoko im Krankenhaus. Als sie zurückkehrte, empfing John sie mit einer kleinen »Homecoming Party« und überhäufte sie mit Geschenken.

Schon vor der Geburt hatten John und Yoko eine Abmachung getroffen: Neun Monate lang hatte sie das Kind versorgt – jetzt war John dran. Eine Aufgabe, die er anfangs mit Begeisterung übernahm.

64 John und Yoko mit dem neu-
geborenen Sean, Ende 1975

Er beherrschte »die Kunst, Reis zu kochen«, und buk selbst Brot. Für John war dies eine Herausforderung: »Ich habe es als Disziplin begriffen, und so hat sich mir eine ganz neue Welt eröffnet. (…) So gesehen war es eine Zen-Erfahrung, die Kochkunst zu meistern. (…) Spaß gemacht hat es.« Nach einer Weile aber legte sich die Begeisterung, »es wurde mir zu anstrengend«.

John blieb sich selbst treu – *the next big thing*. Alles, was neu war, faszinierte und begeisterte ihn zuerst einmal. Ob es Kunst und Lithografien gewesen waren, politische Aktionen und der Frieden oder eben das Brotbacken, Kinderversorgen und Hausmannspielen, mit Feuer und Flamme war er anfänglich dabei und ließ es bleiben, als es anfing, ihn zu langweilen.

Doch was dann? In einem kurzen Abstecher nach Los Angeles hatte er im Frühjahr 1976 abermals Ringo unter die Arme gegriffen und für dessen mittlerweile sechstes Album ›Ringo's Rotogravure‹ den Song ›Cookin' (in the kitchen of love)‹ beigesteuert und aufgenommen – dem man die Erfahrungen der letzten Hausmannszeit deutlich anhörte.

Und im Juli 1976 geschah endlich das, wofür er die letzten vier Jahre gekämpft hatte. Nach einer einstündigen Anhörung vor dem Einwanderungsrichter erhielt John seine heiß ersehnte Green card. Schon zwei Tage vor Seans Geburt hatte das Berufungsgericht seine Entscheidung zur Ausweisung widerrufen. Im Sommer 1976 stellten auch FBI und CIA endlich ihre Ermittlungen ein.

Einem harmonischen Leben stand nun nichts mehr im Wege: Die rechtlichen Schwierigkeiten waren aus dem Wege geräumt, er war rechtmäßiger Bürger seines Traumlandes; er war wieder mit der wichtigsten Frau in seinem Leben zusammen und hatte mit ihr ein Wunschkind.

Die nächsten vier Jahre zog John Lennon sich völlig aus dem öffentlichen Leben zurück. Es gibt einige wenige Dokumente über diese Zeit, den Bericht seines persönlichen Assistenten Fred Sea-

---

Ich habe ein halbes Jahr oder ein Jahr lang Yoko und das Baby mit Essen versorgt, sogar die Angestellten aßen mit. Ich war so aufgeregt darüber, dass ich es konnte, dass ich das ganze Personal zum Essen einlud. (…) Wenn das Baby erstmal gefüttert ist (…), kommen sie alle rauf und wollen ihr Frühstück. Okay, man füttert sie, man kriegt keine Goldene Schallplatte dafür, sie schlucken's einfach runter. Wenn sie es schlucken, heißt das, wir haben einen Hit gelandet. Wenn sie es nicht schlucken, hat man etwas falsch gemacht. *John zu seiner Aufgabe als Hausmann*

man (seit Februar 1978 bei ihm angestellt) und das Buch von Yokos Tarotkartenleger John Green. Außerdem reflektierte John 1980 in seinen Songs über diese Periode und äußerte sich Ende 1980 rückblickend in einigen Interviews. Die Aussagen allerdings bleiben widersprüchlich und verworren. Zog er sich freiwillig zurück? Hatte er sich bewusst und willentlich für eine Auszeit, eine »Clean Up Time«, wie er es später in seinem gleichnamigen Song nannte, entschieden? Oder hatte Yoko ihn dazu gedrängt? Oder war er in ein kreatives Loch gefallen?

Fest steht: Er produzierte in dieser Zeit keine einzige Note, griff nicht einmal zur Gitarre, lebte extrem zurückgezogen, fast ohne Freunde oder Kontakte zur Außenwelt. Fest steht auch, dass der John, der am Ende der Clean Up Time wieder aus der Versenkung auftauchte, vor positiver Energie und Kreativität sprühte.

Während Seaman und Green einen eher unausgegorenen, unausgefüllten und ruhelosen Menschen beschreiben, beurteilte John dieselbe Periode in seinen Songs und rückblickenden Interviews eher als einen Reinigungsprozeß.

In den folgenden vier Jahren brach John alle Brücken ab, zerschnitt Bande, stieg aus, radikal und konsequent wie üblich – be-

Shaved Fish

Während Yokos Schwangerschaft arbeitete John unter der Woche an einem Album mit einer Zusammenstellung seiner Songs. »Hits und Flops und solche, die es fast geschafft hätten. Als ich nach dem Mastertape für ›Cold Turkey‹ forschte, fand ich heraus, dass niemand wusste, wo es war. Ich musste nachträglich Overdubs einspielen. (…) Bei der Plattenfirma scherte sich keiner darum, dazu waren die Aufnahmen nicht erfolgsträchtig genug. Ich erkannte, wenn ich diese Sache nicht in Angriff nehmen würde, wären einige der Titel für immer verloren. Der Grund, warum ich das Album nicht ›Oldies but Goldies‹ oder ›The Best of John Lennon‹

nannte, war, dass die Songs es nicht waren.«

Am 24. Oktober 1975 erschien die Album-Collection ›Shaved Fish‹. Alle Stücke – bis auf ›Imagine‹ – waren schon einmal als Singles veröffentlicht worden, neu war nur die Version von ›Give Peace A Chance‹, die von Johns Livekonzert am 30. August 1972 im New Yorker Madison Square Garden stammte.

65 Cover der LP ›Shaved Fish‹

…ɪɒ sich in das wohl größte und essenziellste Wagnis seines Lebens. Er würde alles hinter sich lassen, negieren und verlassen, was sein ganzes bisheriges Leben ausgemacht und wonach er immer gestrebt hatte: die Musik, den Ruhm, das Showbusiness.

Das Business war eine eigene Welt, es herrschte eine eigene Sprache, Stimmung, Atmosphäre und Energie in ihr. Man war einfach »drin« wie in einem elitären Club, oder sollte man sagen, *dem* elitärsten Club, der Liga der unumstrittenen Superstars.

John Lennon wagte den Sprung! Er wollte das Leben außerhalb von »John Lennon, Beatle« und »John Lennon, Musiker und Superstar« erfahren, wollte an den Grund des Lebens hinabtauchen.

Er wollte zurücklassen, was ihn bisher aufrecht gehalten und gestützt hatte, wollte probieren, mit wie wenig er leben konnte. Es war ein Experiment, und kein einfaches. Er sprang und fiel zuerst einmal in einen luftleeren Raum, das große Nichts.

Ebenso schwierig ist es auch, Johns und Yokos Beziehung einzuschätzen. 1977 begann Yoko, sich mit Feuereifer ins Geschäftsleben zu stürzen. In einer Banker-Familie aufgewachsen, hatte sie ein Händchen und Gefühl für Geld und geschäftliche Transaktionen, und John benötigte dringend einen Verwalter für sein gigantisches Vermögen. Nachdem er Allen Klein gefeuert hatte, hatte er keinen Manager mehr und entschloss sich, »keine Außenstehenden zu betrauen«.

Bei Yoko konnte er sicher sein, dass sie auf seiner Seite war: »Sie hat dazu das Talent. (…) Ich kann nicht gut mit Ziffern und Zahlen umgehen, ich habe keine Ader fürs Geschäftliche. (…) Ich kann das unmöglich tun, also musste sie das übernehmen. (…) Obwohl die Büroräume im selben Gebäude liegen, war sie trotzdem nicht da. Und es war fantastisch.«

Nicht ganz so fantastisch beurteilten Seaman und Green die Situation. Sie sahen, dass Yoko sich mit Feuereifer in die Geschäfte stürzte, dass die beiden wenig Zeit miteinander verbrachten, dass

> Der Geist ist vollgestopft. Du kannst dir was vormachen und darüber hinwegspielen (…), und das Business und die Öffentlichkeit wird dich davonkommen lassen. Aber innerlich weißt du es. Um den Kanal wieder zu reinigen und zu öffnen, musste ich damit aufhören, jede Radiostation in der Welt einzustellen. Ich konnte die Welt vor lauter Bäumen nicht sehen. Oder ich konnte die Musik nicht hören, bei dem ganzen Lärm in meinem Kopf.
>
> *John rückblickend über die »Auszeit« nach 1975*

John oft alleine durch New York spazierte, Essen und Kaffee trinken ging, während Yoko Tag und Nacht in ihrem Allerheiligsten
verbrachte. »Yoko lebte nur durchs Telefon. (…) John nannte es
höhnisch ›mind candy‹, Psycho-Schnuller. (…) Und mit wem redete sie? Mit Tarotkartenlegern, Anwälten, Buchhaltern, Innenarchitekten, Immobilienmaklern, Parapsychologen, Kunsthändlern (…),
mit all den Leuten, die ihr irgendwas andrehen wollten, weil sie
Zugriff zu Johns ganzem Vermögen hatte«, berichtete Fred Seaman. Darüber hinaus hatte John sich zum Frühaufsteher entwickelt, während Yoko, die an Schlaflosigkeit litt, meist erst bei
Morgengrauen ins Bett ging. Oft verbrachte John Tage oder sogar
Wochen im Haus auf Long Island – meist begleitet von Sean und
dessen Kindermädchen.

Dennoch, so wie sein Leben sich um ihres drehte, er von ihr abhängig war, sie »Mother« oder »Madam« nannte, drehte ihres sich
um seins. Ständig spekulierte Yoko, was John wohl in diesem oder
jenem Fall denken könnte, und befragte dazu alle verfügbaren
Orakel, von den Tarotkarten bis zur Numerologie.

Ihre Unfähigkeit, dem eigenen Urteilsvermögen zu vertrauen,
wurde besonders bei den mehrmonatigen Japan-Aufenthalten
deutlich, die die Lennons ab 1977 jedes Jahr unternahmen. Yoko
plante die Reise komplett nach der Numerologie durch, ließ sich
in stundenlangen, meist nächtlichen Telefonaten über jede Even-
tualität beraten, plante minutiös jede Bewegung, jede Weiterfahrt,
jeden Aufenthalt, jede Übernachtung. Die Numerologie, ein kom-
plexes und altes japanisches System, sagte ihr, wann sie das Hotel
wechseln sollten und auch welches Hotel das Beste sei. Oft führte
diese Planung zu absurden Richtungsänderungen im Verlauf der
Reise, zum Umzug von einem Hotel ins andere in derselben
Stadt, nur aufgrund der Zahlen.

Von Mai bis Oktober 1977 reiste die Lennon-Entourage durch
Japan und besichtigte die wichtigsten Sehenswürdigkeiten. Be-

Ein Anwalt oder ein Buchhalter pflegte hereinzukommen und zu sagen,
ich erledige das für dich. Seit 1962 haben sie es erledigt, und danach hatten wir nichts als Steuerprobleme. Uns gehört kein einziger Beatles-Song,
uns gehört keine einzige Beatles-Platte, als Tantiemen kriegen wir Klein-
geld.

John

gleitet wurden sie dabei auch von Yokos drei japanischen Nichten Reiko, Akiko und Takako, den Kindern ihres älteren Bruders Keisuke. Zwar konnten die Mädchen kaum Englisch, waren aber total in Sean vernarrt.

Was auf den Bildern dieser Reise auffällt: Immer ist es John, der sich um Sean kümmert, ihn an der Hand, auf dem Schoß, auf der Hüfte hält, den Kinderwagen schiebt, mit seinem Sohn Schlitten fährt, rudert, schwimmen geht. Oft steht Yoko unbeteiligt daneben oder betrachtet ihren Sohn distanziert.

Die Japan-Reise schien nicht unbedingt ein Erfolg gewesen zu sein. Im ihrem Verlauf kapselte John sich immer mehr ab, verfiel in zunehmende Lethargie und war schließlich auch nicht mehr dazu zu bewegen, an irgend welchen Aktivitäten oder Ausflügen teilzunehmen.

Im Oktober 1977 kamen die Lennons aus Japan zurück, die Weihnachtsfeiertage verbrachte John mit Julian in Florida.

In den darauf folgenden anderthalb Jahren zog John sich so radikal zurück wie noch nie zuvor in seinem Leben. Er stand früh auf, oft bei Sonnenaufgang, frühstückte Weizenschrot mit Milch an dem einfachen Holztisch direkt am Fenster in der großzügigen Küche, rauchte und las die Zeitung. Wenn es dort zu geschäftig wurde, Haus- und Büroangestellte kamen – neben ihrem persönlichen Assistenten beschäftigten die Lennons einen Buchhalter, ein Kindermädchen, eine Haushälterin und einen Gärtner, der sich um die vielen Pflanzen in den diversen Büros und Appartements kümmerte – zog er sich in sein Schlafzimmer zurück, die Rolläden heruntergelassen, las, sah fern und hörte leichte oder klassische Musik.

Er kaufte ganze Bibliotheken auf und verschlang Bücher zu unzähligen Themenbereichen. Und wie üblich ließ er den ganzen Tag den Fernseher laufen. Selbst, »wenn er vor dem Fernseher saß«, fand Fred Seaman, »strömte er eine nervöse Energie aus.«

Alles im Schlafzimmer war um das große Bett angeordnet, über dem immer eine bunte, handgearbeitete Steppdecke lag. (...) Zwischen dem Bett und dem Fenster stand ein Steinway-Spinett und in rechtem Winkel dazu, in bequemer Reichweite, Plattenspieler, Tape Deck, Platten und Kassetten.   *Fred Seaman*

Das Zimmer verließ er nur noch zu den Mahlzeiten. Nachdem er jahrzehntelang seinen Körper ruiniert hatte, legte er jetzt viel Wert auf gesundes Essen und aß ausschließlich vollwertige, natürliche Nahrung. Nachdem er früher gelegentlich mit Übergewicht zu kämpfen gehabt hatte, war er jetzt sehr dünn.

Im Sommer 1978 folgte der zweite mehrmonatige Familientrip nach Japan: John verbrachte ihn fast ausschließlich in den diversen Hotelzimmern, sah fern und verweigerte jede Art von Aktivität.

Yoko unterstützte seine »Einigelung«. Sie regelte und kontrollierte jeden Kontakt Johns zur Außenwelt, bestimmte, welche Telefongespräche durchgestellt werden durften, sah seine Kreditkartenabrechnung, was John nicht unrecht war.

Gelegentlich hatte Paul ihn im Dakota besucht, meist war er spontan mit seiner Gitarre vorbeigekommen, doch John hatte selten Interesse an einer lockeren Session. Eher brachten ihn die Besuche in Verlegenheit, er redete sich mit seiner Hausmannstätigkeit heraus und sagte schließlich: »Bitte ruf an, bevor du kommst. Es ist nicht mehr 1956, und einfach vor der Tür zu stehen ist nicht mehr das Gleiche (…).«

Gelegentlich ging John alleine raus, einen Kaffee trinken oder Essen, ab und zu traf er sich mit May. Bis Ende 1977 hatte er sie alle zwei bis drei Monate getroffen, meist lief der Kontakt über einen Freund, immer schliefen sie miteinander. Zum letzten Mal sah sie ihn im Dezember 1978. Er rief sie an, als Yoko zu einem Apple-Business-Meeting nach London geflogen war, und sie verbrachten den Tag miteinander.

Auch Yoko umgab sich gerne mit Verehrern. Der Journalist Elliott Mintz gehörte zu ihren engsten Freunden, ebenso wie der

»Die Bandbreite von Johns Wissen erstaunte mich immer wieder. Er schien sich in fast allem besser auszukennen als jeder andere, den ich je kennengelernt hatte.« Wenn John beflügelt war, »konnte er mit seinem unverwechselbaren, jungenhaften Überschwang über jedes Thema fast unbegrenzt lange reden (…), über religiöse Themen, Gesundheit und Ernährungsfragen, die neuesten wissenschaftlichen Entdeckungen, aktuelle Vorkommnisse, Prominentenklatsch und die unzähligen anderen Themen, in denen er Experte war. (…) John hing keiner speziellen Philosophie an, er studierte sie alle und nahm sich von jeder Schule des Denkens, östlich oder westlich, was ihm brauchbar erschien. Sein rastloser, forschender Geist hielt alles für möglich, bis es eindeutig widerlegt war.«

Fred Seaman, der im Februar 1978 eingestellte
26-jährige persönliche Assistent von John und Yoko

Kunsthändler Sam Green und der junge Antiquitätenhändler und Innenarchitekt Sam Havadtoy. John zeigte sich tolerant: »Yoko hat auch mit solchen Versuchungen zu kämpfen. Sie ist eine Frau, und es ist doch nur natürlich, dass sie sich geschmeichelt fühlt, wenn ein jüngerer Mann hinter ihr her ist. Jeder muss sich mal austoben«, notierte Seaman seine Aussage. Dennoch belastete es ihn, dass Yoko so wenig Zeit für ihn hatte.

Schlagzeilen machten die Lennons 1978 in erster Linie durch Yokos finanzielle Transaktionen: Sie investierte in eine Herde von 250 Holstein-Rindern und verkaufte eine einzelne Holstein-Kuh für 265 000 Dollar. Darüber hinaus erwarb sie 1000 Morgen Farmland im Staat New York sowie drei weitere Farmen in den Catskill Bergen, in Virginia und in Vermont. Yoko begann zudem alte ägyptische Kunst zu sammeln, an der sie neben ihrem antiken Wert auch ihre vermuteten okkulten Kräfte faszinierten.

März 1979 unternahmen die Lennons – die »Japan-Nichten« wie auch Julian im Schlepp – einen großen Familienurlaub in einer weitläufigen Strandvilla in Palm Beach, Florida. Es war das letzte Mal, dass John seinen ältesten Sohn sah.

Yoko kümmerte sich im Alltag kaum um Sean. John dagegen »sprach ständig mit ihm, lobte und belehrte ihn. (…) Er tat alles, um Sean ein guter Vater zu sein. Er las ihm Kinderbücher vor, sie sahen zusammen fern. John sah seine Aufgabe nicht nur darin, Sean physisch gesund zu erhalten (…), sondern auch darin, das kreative Potenzial seines Sohnes zu fördern.« Dennoch registrierte Seaman: »Sean war sehr verzogen und völlig undiszipliniert. Das Problem war, dass er Disziplin nie kennen gelernt hatte. ›Sean bekommt alles, was er will‹, lautete Yokos Anweisung.«

Die Öffentlichkeit beschäftigte sich zunehmend mit seinem Rückzug. Mick Jagger forderte ihn auf, aus dem Versteck zu kommen, die amerikanische Talkshow ›Saturday Night Life‹ brachte eine Satire über ihn als Hausmann und Yoko, die John sehr amüsierte.

Lange Zeit habe ich überhaupt keine Musiksendungen gehört. Pop-Stationen, die Rock'n'Roll spielten, brachten mich ins Schwitzen (…), riefen in mir Erinnerungen wach, von denen ich nichts wissen wollte. Das Gefühl überkam mich, ich sei gar nicht am Leben, weil ich nicht mitmischte. (…) Ich habe mich da also rausgehalten und fünf Jahre lang hauptsächlich klassische Musik gehört.

John Lennon, 1980

Dennoch fühlten sich die Lennons genötigt, die Weltöffentlichkeit an ihrem Glück teilhaben zu lassen. In der ›New York Times‹ vom 27. 5. 1979 erschien eine ganzseitige Anzeige mit dem Titel »A Love Letter from John and Yoko to People Who Ask Us What, When and Why«, ein offener Brief nach dem jahrelangen Schweigen. Grundtenor: Unser Schweigen ist eine »Stille der Liebe und nicht der Gleichgültigkeit«. Ihr Fazit: »Die Pflanzen gedeihen und die Katzen schnurren.«

Den Sommer bis September 1979 verbrachten John und Yoko in Japan, wo John sich einen Vollbart wachsen ließ, den Weihnachtsurlaub bis in den Februar 1980 hinein traditionell in Palm Beach.

Als er zurückkehrte, strahlte er eine andere Energie aus. Es war, als sei er auf den Boden seiner Lethargie abgesunken, habe sich abgestoßen und sei langsam wieder auf dem Weg an die Wasseroberfläche.

Das Frühjahr verbrachte er im Haus in Cold Spring Harbour und kaufte sich ein Segelboot, das er nach der Fruchtbarkeitsgöttin Isis benannte.

Am 19. April begann John eine von Yoko inszenierte zehntägige Schweigephase – eine harte Probe für ihn, den »zwanghaften Redner« (Seaman). Doch er fand, »wenn man zuviel spricht, hört man seine Gedanken nicht mehr«.

Im Juni 1980 entschloss John sich, einen 14 Meter langen Schoner zu chartern und damit in Begleitung von zwei erfahrenen Seeleuten und deren Frauen in die Karibik zu segeln. Erstes Reiseziel: die Bermudas. Von Newport aus segelte die Crew über den Atlantik – und geriet in einen schweren Sturm, der zwei Tage lang das Schiff in Böen über die bis zu sechs Meter hohen Wellen peitschte. Die Crew war schon nach kürzester Zeit durch Seekrankheit außer

66 John mit Sean
und Yoko

Gefecht gesetzt. Einzig John, der eine Diät aus Naturreis und Miso-Suppe zu sich nahm, blieb verschont – und übernahm das Steuer.

»Zuerst stand ich Todesängste aus. (…) Nachdem ich mich einmal mit der Situation abgefunden hatte, wuchs ich über mich hinaus und verlor plötzlich alle Angst. Ich hatte sogar tatsächlich Spaß an meinem Abenteuer und fing im Angesicht des Sturms an, aus voller Brust alte Seemannslieder zu singen. Ich habe mich noch nie so wohl gefühlt!«

Nachdem er die letzten Jahre alle Verantwortung über sein Leben Stück für Stück an Yoko abgegeben hatte, und dadurch, dass er nichts mehr tat, hatte er Stück für Stück auch das Selbstvertrauen verloren. Dass es trotzdem noch etwas gebe, was er könne, hatte er in diesen dramatischen Tagen erstmals wieder erkannt: Ich bin durchaus in der Lage, mein Leben selbst in die Hand zu nehmen.

Das Resultat der Extremerfahrung bedeutete für ihn auch: Die Muse kehrte zurück! Als hätte der Sturm auch die Schale um ihn herum zerbrochen, wachte John auf den Bermudas aus dem Kokon der letzten Jahre auf, entdeckte die Musik wieder, und die Inspiration strömte mit aller Macht.

An den ersten Ausbruch der kreativen Welle erinnerte Seaman sich genau: John hörte Bob Marleys Song ›Hallelujah Time‹, der die Textzeile »We've got to keep on living, living on borrowed time« enthielt, »sein Gesicht eine Maske äußerster Konzentration. ›Das ist es!‹, rief er plötzlich aus. ›Das ist mein erster Song: Living on borrowed time. Das ist die Zeile, nach der ich gesucht habe. Den Song habe ich schon seit Jahren im Kopf.‹ Er rannte weg, um Yoko anzurufen.«

Diese reagierte, laut John Green, eher kühl auf die großartigen Neuigkeiten. Doch Johns Enthusiasmus ließ sich nicht bremsen. Bis zum Dinner hatte er eine Rohfassung geschrieben, arbeitete

---

Fünf Jahre lang hatte er darauf gewartet, jetzt hatte ihn die Muse wieder geküsst. »Das Erfreulichste ist, (…) wenn dir die Lieder einfach kommen und du dich nicht wie ein Handwerker hinsetzen mußt, um zu komponieren. Das kann ich auch. Du brauchst einen Song über Bananen für einen Film? Kein Problem. (...) Mein wirkliches Vergnügen besteht darin, wie besessen zu sein, wie ein Medium. (…) Ich liege einfach nur da, und das Ding fällt mir als Ganzes zu, Text und Musik. (…) Kann ich von mir behaupten, es geschrieben zu haben? Ich habe keinen Schimmer, wer zum Teufel hat das geschrieben?

John

bis spät in die Nacht weiter und saß am nächsten Morgen schon wieder daran. »Ich hatte John niemals ernsthaft als Musiker arbeiten sehen, und es war erstaunlich, seine Verwandlung vom rastlosen, chronisch gelangweilten Mann in einen hart arbeitenden Musiker zu beobachten, dessen Disziplin und Ausdauer einem Bewunderung abnötigten«, staunte Seaman.

Von Anfang an stand er in Kontakt mit Yoko, spielte oder sang ihr seine neuesten Songs über das Telefon vor, drängte und ermutigte sie dazu, ebenfalls Songs schreiben. Yoko dagegen schien sich, laut Seaman, abermals mit Scheidungsgedanken zu tragen, und machte lieber mit Sam Green Urlaub auf Fire Island. Für ein Wochenende besuchte sie zwischendurch auch John.

Der hatte sich zwischenzeitlich ein provisorisches Aufnahmestudio eingerichtet und saugte gierig die aktuellsten musikalischen Trends in sich auf, die sich in den vergangenen fünf Jahren grundlegend geändert hatten.

Als die Nachricht die Runde machte, dass John Lennon wieder aus seinem Schneckenhaus gekrochen war und sich in ein Plattenstudio bewegte, »haben sie [andere Musiker] uns das Haus eingerannt und konnten es kaum erwarten, hereingelassen zu werden. Alle, mit denen ich früher gearbeitet hatte, erklärten sich bereit und schickten entsprechende Botschaften. (…) Aber ich wollte wirklich ganz frisch anfangen. Ich fühlte mich mies, weil ich ihre Angebote abschlagen musste, aber ich wollte nicht rückwärts gehen und in dieselbe alte Kerbe hauen.«

Die Band war erstaunt über das Arbeitstempo, das John vorlegte. Er arbeitete konzentriert und intensiv, hielt nichts von Essenspausen während der Arbeit, bereitete sich in Proben mit den Musikern vor, spielte ihnen die Reggae-Songs vor und erklärte, was ihn daran so begeisterte. Immer wieder forderte John auch Yoko musikalisch heraus, führte aus, dass Yoko einiges von den erstklassigen Produktionen von Lene Lovich und Kate Bush lernen

Alle Lieder auf ›Double Fantasy‹ fielen mir in einer Zeitspanne von drei Wochen auf den Bermudas ein, nach fünf Jahren des Nichts. Ich hatte es zwar gar nicht versucht, aber jedenfalls kam nichts, keine Inspiration, kein Gedanke, kein Garnichts, und dann plötzlich Schlag auf Schlag.

John

könne, obwohl diese von Yokos Gesangsstil beeinflusst zu sein schienen. Wenn es um die Musik ging, kritisierte er sie auch offen. Yoko allerdings schien mehr an ihren konstanten Telefonaten interessiert zu sein als am Produzieren und Aufnehmen.

Mitte November erschien das Album – und erhielt lauwarme bis negative, bisweilen sogar vernichtende Kritiken. ›Double Fantasy‹ mochte John Lennons Lebensgefühl entsprechen, dem Lebensgefühl der Zeit entsprach die Platte in keinster Weise. Punk, Ska, New Wave und die New Romantics erschütterten die Musikszene, dagegen wirkte seine Musik wie *»fantasies for over forties«* (NME-Kritik). Offensichtlich nahm man den Lennons ihr offen zur Schau getragenes Glück übel.

Aus irgendeinem Grund hatte sich John Lennon als bösartiger, ständig bissiger, kritischer und zynischer Mensch in den Köpfen der Leute festgesetzt, vergessen waren die Bed-Ins und zahlreichen Friedensaktionen, die poetischen Kunstwerke wie die Eichelstatue und Songs wie ›Imagine‹ oder ›Happy Xmas‹, die in jeder Zeile die Sehnsucht nach Frieden und Harmonie ausdrückten. Die Menschen sehnten sich nach John, dem Rebellen.

John war zwar von der Resonanz getroffen und reagierte mit Trotz – »Ich bin nicht für euch auf der Welt. Ich bin hier für mich, für sie und das Baby« – ließ sich aber in seinem Enthusiasmus nicht bremsen und sprühte vor Ideen. Eine weitere Platte war ja schon halb im Kasten, er hatte Ideen für ein Musical, vielleicht würde er wieder auf Tour gehen … »Es wird eine Periode sein, in der die Leute sich beklagen werden, (…) oh, wenn sie doch nur

---

›Double Fantasy‹

Im Sommer kehrte John nach New York zurück, im August 1980 gingen er und Yoko ins Studio, im Gepäck 22 Songs und eine neue Gruppe von Studiomusikern. »Ich wollte wirklich ganz frisch anfangen.«

Im Plattenstudio Hit Factory entstand Johns Auferstehungsalbum ›Double Fantasy‹. »Wir haben in zehn Tagen 22 Tracks aufgenommen. Es war, als ob wir einen Rock'n'Roll-Durchfall gehabt hätten. Danach haben wir die 22 auf 14 Titel eingeschränkt.«

Besonders wichtig war es John, einen modernen Sound auf das Album zu bekommen. Zum erstenmal nämlich war er von einer McCartney-Nummer, dessen aktueller Single ›Coming Up‹, völlig begeistert gewesen und wollte jetzt unbedingt, dass die Produktion seines Albums ebenso auf dem neuesten Stand der Technik war.

›(Just like) Starting Over‹ wurde als Single ausgekoppelt, denn »für den Neuanfang war der Song ideal«. Um den langen Weg deutlich zu machen, den John im letzten Jahrzehnt zurückgelegt hatte, griff er die Glocke seines

wieder verschwinden würden. (…) Weil wir reden und reden und alle möglichen Ideen und Pläne im Kopf haben. (…) Ich kann es kaum erwarten!«

Dazu sollte es nicht mehr kommen … Am Morgen des 8.12.1980, einem Montag, schoss Star-Fotografin Annie Leibovitz ihr berühmtes Titelfoto für das Musikmagazin ›Rolling Stone‹, in dem der nackte John an einer schwarzgekleideten Yoko hing, um 13 Uhr folgte ein lan-

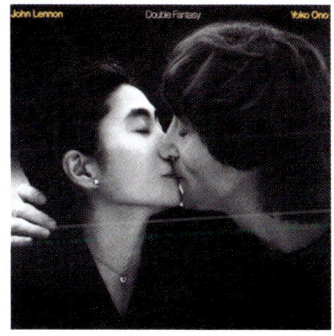

67 Das Plattencover von ›Double Fantasy‹

ges Interview für das RKO General Radio Network in San Francisco. Anschließend fuhren John und Yoko ins Record-Plant-Studio, um weiter an Yokos Song ›Walking on Thin Ice‹ zu arbeiten. Mehrere Fans warteten vor dem Dakota auf sie und baten um Autogramme, einer davon war der 25jährige Mark David Chapmann.

Der stand immer noch da, als das Paar fünf Stunden später, um 22.50 Uhr, zurückkehrte. »Mr. Lennon«, rief er, als John aus dem Auto stieg und auf den Hauseingang zuging. John wandte sich ihm zu, und Chapmann feuerte – fünfmal aus sechs Metern Entfernung. Vier Kugeln trafen John, bereits die erste tödlich. »*John's been shot*! John ist getroffen!« schrie Yoko, der Portier griff zum Telefon und rief die Polizei, Chapmann verharrte regungslos am Tatort und machte keinen Versuch zu fliehen. Wenige Minuten später war die Polizei vor Ort. Chapmann ließ sich wehrlos festnehmen und gestand sofort seine Schuld. Ein Polizeiwagen brachte John in das Roosevelt Hospital, Yoko folgte in einem zweiten Auto. Obwohl die Ärzte nur noch Johns Tod feststellen konnten, bemühten sie sich noch um eine Wiederbelebung.

ersten Albums wieder auf: Wo die düstere »Totenglocke des Freudschen Mutter-Vater-Trips« den Song ›Mother‹ auf seinem ersten Studioalbum eingeleitet hatte, läutete zu Beginn von ›(Just like) Starting Over‹ ein kleines helles freundliches Glöckchen.

Aus dem Bauch heraus entstanden auch die Songs, die Johns Selbstverständnis und seinen persönlichen Rückblick auf die hinter ihm liegenden Jahre veranschaulichen: ›Clean Up Time‹, die Single-Auskopplung ›(Just Like) Starting Over‹, und ›Watching the Wheels‹.

Yoko war am Boden zerstört. Ein Freund, der Plattenproduzent David Geffen, begleitete sie vom Krankenhaus nach Hause. Als sie ins Dakota zurückkamen, hatten sich bereits mehrere tausend Menschen dort versammelt. Sie entzündeten Kerzen und begannen zu singen – im Laufe der Nacht wuchs die Menge auf 5000 Menschen. Radiostationen unterbrachen ihr Programm, berichteten über das blutige Geschehen und spielten pausenlos Lennon- und Beatles-Songs.

Eine Woge der Trauer folgte der Ermordung: Das Eisentor vor dem Dakota war mit Blumen, Botschaften und Briefen, Geschenken, Kerzen und Kreuzen geschmückt, die Titelseiten von Zeitungen und Zeitschriften rund um die Welt berichteten von dem dramatischen Ereignis.

Am 10.12. wurde Johns Körper im Krematorium des Ferncliff Mortuary im New Yorker Vorort Hartsfield verbrannt. Am selben Abend gab Yoko ein offizielles Statement ab, dankte den Trauernden für ihren Zuspruch und bat sie um eine Schweigeminute im Gedenken an ihren Mann.

Am Sonntag, den 14.12.1980, wurde rund um den Globus eine zehnminütige Trauerzeit eingelegt. 100000 Menschen fanden sich im Central Park ein, beteten, sangen und weinten. Fernseh- und Radioprogramme in ganz Amerika wurden dafür unterbrochen, Millionen von Zuschauern sahen die weinenden Trauernden auf

dem Bildschirm, während diese ›Give Peace A Chance‹ sangen. Dann wurden alle gebeten, ihre Radios und Kassettenrekorder auszuschalten, und für die nächsten zehn Minuten war der einzige Laut, der zu hören war, das Weinen und Schluchzen der Trauernden. Am Ende stiegen Massen von weißen Ballons in den bedeckten Himmel.

Zur selben Zeit fanden sich ungefähr 20 000 Menschen auf dem St. George's Square in Liverpool ein. Sechs Stunden lang hatten diverse Bands dort die Musik von John und den Beatles gespielt, doch um 19 Uhr wurden auch hier alle für zehn Minuten still.

Ähnliche Trauerfeiern fanden in unzähligen weiteren Städten statt, den Menschen war bewusst, dass sie einen Propheten verloren hatten, nicht nur einen ungewöhnlichen Musiker und begabten Sänger. Niemand hatte wie er Verzweiflung, Liebe, Poesie, Wut, Depression und Reflexion so treffend in Songs gepackt, niemand so ehrlich und ungeschminkt Zeugnis von Selbstzweifeln, Erfahrungen, Erkenntnissen und Bestandsaufnahmen geliefert.

Johns Fähigkeit, seine persönlichen Gefühle und höchsteigenen Erfahrungen in Songs von allgemeiner Gültigkeit umzusetzen und das Bewusstsein der Hörer, in seinen Songs Wahrheit zu finden, waren es, das ihn für seine Generation zum Sprachrohr hatte werden lassen. Er formulierte ihre Nöte und Bedrängnisse und darüber hinaus, allgemeingültig und daher auch Bestand habend, ihre Konfrontation und Reibung mit der Welt in seiner Kunst.

Was ihn auszeichnete, war der Mut, seine tiefsten, persönlichsten Gefühle vor der Welt auszubreiten, nicht als exhibitionistische Show, sondern in künstlerischer Form als Ausdruck seiner Persönlichkeit. Öffentlich zu dem zu stehen, was er war, was er fühlte und dachte, sich angreifbar zu machen und sich im Grunde doch nicht darum zu scheren, was die Welt eigentlich von ihm hielt. Ein Spiegel seiner Generation zu sein und doch in erster Linie sich selbst zu spiegeln.

68 John und Yoko vor dem ›Dakota‹. Diese Aufnahme findet sich auf der Cover-Rückseite von ›Double Fantasy‹.

Mark David Chapman (geb. 1955) hatte John und seine Karriere bereits seit den 60er Jahren verfolgt. Ab 1969 wurde er von der Anti-Beatles Kampagne beeinflusst, identifizierte sich aber dennoch soweit mit John, dass er sich ihm sogar in seiner Lebensweise anpasste. Die Gründe des Mordes bleiben jedoch im Dunkeln.

Zeittafel

1940   9.10.: John Winston Lennon wird
        in Liverpool geboren. Seine Eltern
        sind Julia (geb. Stanley) und Fred
        Lennon.
1956   Paul McCartney besucht einen Auf-
        tritt von Johns Band ›The Quarry-
        men‹ und beindruckt diesen durch
        seine Gitarrenkenntnisse. Er wird
        in die Band aufgenommen.
1957   John beginnt mit seinem Studium
        an der Liverpooler Kunstakademie.
1958   15.7.: Johns Mutter Julia wird von
        einem Auto erfasst und stirbt.
1960   August bis Ende November: erster
        Aufenthalt in Hamburg
        27.12.: erstes Konzert in der ›Li-
        therland Town Hall‹ in Liverpool
1961   Januar / Februar 1962: 292 Auftritte
        im ›Cavern‹ in Liverpool
        März / April: Auftritte in Hamburg
1962   24.1.: Die Beatles unterschreiben
        ihren Vertrag mit dem Manager
        Brian Epstein
        10.4.: Stuart Sutcliffe stirbt in Ham-
        burg.
        13.4.–31.5.: Drittes Engagement
        der Beatles in Hamburg (›Star
        Club‹)
        6.6.: Audition in London vor Geor-
        ge Martin von Parlaphone, EMI
        23.8.: Heirat mit Cynthia Powell
        4.10. Veröffentlichung der ersten
        Beatles-Single, ›Love Me Do‹
        18.–31.12. Letzter Auftritt in Ham-
        burg
1963   Februar: Die Single ›Please Please
        Me‹ steht einen Monat nach Veröf-
        fentlichung an der Spitze der
        Charts.
        22.3.: Das Debütalbum mit dem
        Titel ›Please Please Me‹ wird ver-
        öffentlicht und stürmt den ersten
        Platz der Charts.
        8.4.: Johns Sohn Julian wird geboren.
        23.8.: ›She Loves You‹ erscheint;
        am selben Tag treten die Beatles
        zum letzten Mal im ›Cavern‹ auf.
        13.10.: Auftritt im Londoner ›Palla-
        dium‹. Er wird im Fernsehen über-
        tragen, so dass ganz England die
        Auswüchse der beginnenden Beat-
        lemania sehen kann.
        Herbst / Winter: Englandtournee
        22.11.: ›With the Beatles‹ erscheint.
1964   8.2.: Auftritt bei der ›Ed Sullivan
        Show‹ in den USA vor 73 Mio.
        Zuschauern

März / April: Dreharbeiten zum
Film ›A Hard Day's Night‹
März: Johns erstes Buch ›In His
Own Write‹ erscheint.
6.7. Premiere von ›A Hard Day's
Night‹
Juli: Kurze Welttournee
Juli: Die Lennons kaufen in Wey-
bridge ein Herrenhaus im Tudor-
Stil.
19.8.: Startschuss zur ersten Ameri-
ka-Tournee der Beatles
Oktober / November: Fünfte Eng-
landtournee

1965   17.6.: Pauls ›Yesterday‹, der be-
        kannteste und am meisten gespiel-
        te und gecoverte Song der Beatles,
        wird mit einem Streichquartett
        aufgenommen.
        Juni 1965: Zweiwöchige Europa-
        tournee
        29.7.: Premiere des Filmes ›Help!‹
        August: Zweite Amerika-Tournee;
        sie findet größtenteils in Hallen und
        Open-Air-Stadien vor 20 000 bis
        35 000 Menschen statt. John stellt
        sein zweites Buch, ›A Spaniard
        in the works‹, vor.
        Sommer: John probiert LSD.
        26.10.: Die Beatles nehmen von der
        Königin den Orden ›MBE‹, *Master of
        the British Empire*, entgegen
        3.12.: ›Rubber Soul‹ wird veröf-
        fentlicht.
1966   1.1.: Die Beatles geben ihr letztes
        Konzert auf englischem Boden.
        5.8.: Das Album ›Revolver‹ erscheint.
        12.8.: Letzte Amerikatour
        29.8.: Letzter Live-Auftritt der
        Beatles (Candlestick Park in San
        Francisco)
        8.11.: John lernt Yoko Ono kennen.
        24. 11.: Die Aufnahmen für
        ›Sgt. Pepper‹ beginnen, sie dauern
        bis April 1967.
1967   April: Die Beatles-Firma ›Apple‹
        wird gegründet.
        1.6.: Das Album ›Sgt. Pepper's
        Lonely Hearts Club Band‹ erscheint.
        25.6.: Welturaufführung des Songs
        ›All You Need Is Love‹ bei der
        ersten weltweiten Satellitenüber-
        tragung
        26.8.: Die Beatles folgen dem Guru
        Maharishi Mahesh Yogi zu einem
        Meditationswochenende nach
        Bangor.

27. 8.: Brian Epstein stirbt in London.

11. 9.: Die viertägigen Dreharbeiten für ›Magical Mystery Tour‹ beginnen.

26. 12.: ›Magical Mystery Tour‹ wird im englischen Fernsehen ausgestrahlt.

1968 16. 2.: John und Cynthia treffen in Rishikesh, dem indischen Ashram des Maharishi, ein.

Mai: Yoko besucht John zum ersten Mal, sie nehmen ›Two Virgins‹ auf

Mai – Oktober: Aufnahmen für das ›Weiße Album‹

Mai: Acorns-Ausstellung von John und Yoko in Coventry

1. 7.: Johns erste eigene Ausstellung ›You Are Here‹ in London

18. 10.: Drogen-Razzia bei John

20. 11: Scheidung von Cynthia

1969 Januar – Mai: Aufnahmen zum Film und Album ›Let It Be‹

3. 2.: Allen Klein wird Berater der Beatles.

20. 3.: John und Yoko heiraten in Gibraltar. Die Flitterwoche verbringen sie als ›Bed In For Peace‹ im Amsterdam Hilton.

31. 3.: John und Yokos Film ›Rape‹ wird im österreichischen Fernsehen gesendet.

22. 4.: John benennt sich in John Ono Lennon um.

Mai / Juni: Zweites ›Bed In‹ in Montreal

7. 7.: Gründung der Plastic Ono Band

Juli / August: Aufnahmen zu ›Abbey Road‹

13. 8.: Spontaner Live-Auftritt Johns in Toronto

20. 9.: John teilt den anderen Beatles mit, dass er die Band verlassen wird.

26. 11.: John Lennon gibt aus Protest gegen den Biafrakrieg seinen MBE-Orden zurück.

Dezember: ›War Is Over – If You Want It‹-Plakatkampagne in den zwölf wichtigsten Städten der Welt

1970 ab 14. 1.: John stellt erotische Lithografien aus.

10. 4.: Paul McCartney verkündet offiziell das Ende der Beatles.

23. 4.: John und Yoko unterziehen sich in Los Angeles über vier Monate einer Primärtherapie von Arthur Janov.

8. 5.: Das letzte Album der Beatles, ›Let it be‹, wird veröffentlicht.

11. 12.: Johns erstes Solo-Album wird veröffentlicht.

1971 6. 6.: Konzert mit Frank Zappa im New Yorker ›Fillmore East‹

Juli: John nimmt das Album ›Imagine‹ auf. Es erscheint im September.

1972 Die Lennons ziehen Anfang des Jahres nach New York.

18. 4.: Die Einwanderungsbehörde fordert John auf, das Land zu verlassen.

12. 6.: Das Album ›Some Times in New York City‹ erscheint in den USA.

30. 8.: ›One To One‹-Benefizkonzert für behinderte Kinder im Madison Square Garden

1973 Februar: John und Yoko ziehen ins ›Dakota-Building‹ in New York.

Oktober: John verlässt Yoko und zieht mit May Pang zusammen.

Oktober: John beginnt mit den Aufnahmen zum ›Rock'n'Roll‹-Album.

16. 11.: ›Mind Games‹ erscheint.

1974 April: Aufnahmen zu Harry Nilssons Album ›Pussycat‹

4. 10.: Das Album ›Walls and Bridges‹ erscheint (aufgenommen im August).

Oktober: John nimmt die übrigen Songs für das ›Rock'n'Roll‹-Album auf.

25. 11.: Liveauftritt Johns in einem Konzert von Elton John

1975 Januar: Die Apple-Partnerschaft der Beatles wird formell aufgelöst.

21. 2.: ›Rock'n'Roll‹ erscheint.

Februar: John kehrt zu Yoko zurück.

7. 10.: Das Gericht widerruft die Entscheidung zu Johns Ausweisung.

9. 10.: Johns und Yokos gemeinsamer Sohn Sean wird geboren.

24. 10.: ›Shaved Fish‹ erscheint.

1976 Frühjahr: John schreibt für Ringo den Song ›Cookin' (In the Kitchen of Love)‹.

27. 7.: John erhält seine Green Card.

1977 Yoko wird die von John offiziell bevollmächtigte Vertreterin in allen geschäftlichen Angelegenheiten.

Mai – Oktober: Japan-Aufenthalt der Lennons. Auch 1978 und 1979 verbringen sie in Yokos Heimat.

1979 März: Aufenthalt mit der ganzen Familie in Palm Beach (Florida)

1980 bis Februar: Aufenthalt in Palm Beach

4. 6.: John übersteht bei einer Segeltour einen schweren Sturm.

August: John und Yoko nehmen in
New York das Album ›Double
Fantasy‹ auf.
16.11.: ›Double Fantasy‹ erscheint.
8.12.: Um 22.30 Ortszeit wird
John vor seiner Haustür in New
York auf offener Straße erschossen.
14.12.: Mit Trauerfeiern in New

York und Liverpool und vielen
weiteren Großstädten gedenken
die Menschen John Lennons.
1981 ›Milk And Honey‹ erscheint
postum.
1986 ›Live in New York City‹ erscheint
postum.
1987 ›Menlove Avenue‹ erscheint postum.

Literaturhinweise

Bresler, Fenton: The Murder of John Len-
non. London 1989
Clayson, Alan: Ringo Starr – Straight
Man or Joker. New York 1991
Davis, Hunter: Alles, was du brauchst ist
Liebe – Die Story der Beatles. Mün-
chen / Zürich 1968
Faithful, Marianne: Eine Autobiografie
von Marianne Faithful mit David
Dalton. Frankfurt 1994
Fawcett, Anthony: John Lennon – Beatle,
Künstler, Provokateur. Bergisch
Gladbach 1978
Green, John: Dakota Days. New York
1983
Harry, Bill: Mersey Beat – The Beginning
of the Beatles. London 1977
ders.: The Ultimate Beatles Encyclopedia.
Zürich 1993
Janov, Arthur: Der Urschrei – Ein neuer
Weg in der Psychotherapie.
Frankfurt / M. 1973
›**Lennon über Lennon**‹: Abschied von
den Beatles. Reinbek 1981
›**Lennon über Lennon**‹: Leben in Ameri-
ka, rororo Rowohlt Mai 1981
Martin, George: All You Need Is Ears.
New York 1979
ders.: Summer of Love – The Making of
Sgt. Pepper. London 1994

Miles, Barry: Paul McCartney – Many
Years From Now. London 1989
Owen, Alun & Di Franco, Philip (Hg.):
The Beatles in A Hard Day's Night.
London 1977
Pang, May (mit Henry Edwards): Gelieb-
ter John. München 1984
Plaumann, Klaus: The BeatAge – die
frühen Tage des Rock in Deutsch-
land und Großbritannien. Frank-
furt/M. 1978
Rombeck, Hans / Neumann, Wolfgang:
Die Beatles – Ihre Karriere, ihre
Musik, ihre Erfolge. Bergisch
Gladbach 1977
Seaman, Frederic: John Lennon – Ge-
borgte Zeit. Köln 1992
Shotton, Pete & Schaffner, Nicholas:
John Lennon – In My Life. London
1983

Lennon-Songs
Gimme Some Truth. Bielefeld 1990
Beatles Complete. Köln o.J.

Lennons eigene Bücher
Lennon, John: In seiner eigenen Schreibe
Lennon, John: Ein Spanier macht noch
keinen Sommer
Lennon, John: Skywriting By Word of
Mouth (= Zwei Jungfrauen in

Bildnachweis

AKG, Berlin 22, 23, 25, 38,
39, 43
Brown, Jane/Camera Press/
PICTURE PRESS Life 44
aus: Hunter Davis: The Beatles,
London 1968 4
dpa 49, 68
Foto: Stills 5, 15
Foto: Ullstein Bilderdienst 29
Galella, Ron 63
Gruen, Bob/Star File 62, 64
Kirchherr, Astrid 14
aus: Cynthia Lennon: A Twist of
Lennon, London 1978 2
aus: John Lennon: In His Own
Write, London 1964 26

Morris, Adrian 37
NEMS Enterprises Ltd. 41
Nishi F. Saimaro and Fly
Communications 66
Pictorial Press 32, 40, 51
Range/Bettman/UPI 28
Redferns 54
Ross, Ben/Camera Press/
PICTURE PRESS Life
57
Schweitzer, Marion 17
aus: Andrew Solt und Sam Egan:
Imagine. John Lennon, Mün-
chen 1989 8, 9, 10, 11, 12, 13,
33, 48, 61

Spencer, Terence/Camera Press/
PICTURE PRESS Life 27
Topham Picture Source 18
Transglobe 50
Ullstein – AP 45, 58
Ullstein – Camera Press Ltd. 16, 21
Ullstein – Tele-Bunk 36
Voormann, Klaus 35
Whitacker, Bob/Camera Press/
PICTURE PRESS Life 19

*Die Rechte der hier nicht aufgeführten
Abbildungen konnten leider nicht ermit-
telt werden. Berechtigte Ansprüche
werden selbstverständlich angemessen
abgeglichen.*

Register

dtv portrait

Herausgegeben von Martin Sulzer-Reichel
Originalausgaben

Biographien bedeutender Frauen und Männer aus Geschichte, Literatur, Philosophie, Kunst und Musik